Heinzpeter Hempelmann

Gott im Milieu

Heinzpeter Hempelmann

Gott im Milieu

Wie die Sinus-Studien der Kirche helfen können, Menschen zu erreichen

BRUNNEN
Verlag Giessen · Basel

Kirche lebt – Glaube wächst
Herausgegeben vom Projekt „Wachsende Kirche“ der Evangelischen Landeskirche in Württemberg, verantwortlich:
Heinzpeter Hempelmann, Dan Peter, Maike Sachs

FSC www.fsc.org
MIX
Papier aus verantwortungsvollen Quellen
FSC® C006701

www.brunnen-verlag.de
Umschlaggestaltung: Ralf Simon
Umschlagmotiv: microm®
Satz: Die Feder GmbH, Wetzlar
Herstellung: CPI – Ebner und Spiegel, Ulm
ISBN 978-3-7655-1536-1

Inhalt

Vorwort

Provozierend hat der ehemalige Ratsvorsitzende der EKD, Wolfgang Huber, in seiner Abschiedsbotschaft im Oktober 2009 davon gesprochen, dass Kirche sich aus ihrer Milieugefangenschaft lösen muss. Der Anklang an die *captivitas babylonica,* (Babylonische Gefangenschaft der Kirche) und damit die Bezugnahme auf den zentralen Horizont der reformatorischen Auseinandersetzung, markiert, was nach Huber heute für die Kirchen auf dem Spiel steht. Ist das, was wir heute unter „Evangelium“ verstehen und als solches „kommunizieren“, vielleicht so stark durch eine spezifische kulturelle Prägung, auch ein kirchliches Milieu bestimmt, dass wir genau durch dieses spezielle mentale Format anderen den Zugang zum Evangelium verstellen? Bedeutet Christsein heute nicht nur Umkehr zu Christus, sondern auch zu einem bürgerlichen, mehr oder weniger modernen oder auch vormodernen Lebensstil? Ist Christsein und Christwerden wieder mit – unevangelischen – Bedingungen verbunden? Repräsentiert das gegebene kirchliche Leben in seiner meist konservativ-(klein-)bürgerlichen Prägung das kirchliche Leben als solches? Diese Fragen sind unangenehm. Sie sind lästig. Sie haben das Potenzial, kirchliches Leben infrage zu stellen.

Die Ausgangsthese dieses Buches lautet: Die empirische Sozialwissenschaft kann Kirchen und Christen wichtige Hilfestellungen geben, unsere Gesellschaft besser zu verstehen und uns angemessener auf sie einzustellen. Speziell die Lebensweltforschung und das Sinus-Milieu-Modell bieten ein kulturhermeneutisches Instrument erster Güte, auf gut Deutsch: Es handelt sich vor allem und zunächst einmal um eine geniale Sehhilfe. Diese Sehhilfe kann uns helfen, uns selbstkritisch mit der Frage auseinanderzusetzen, ob wir nicht heute vor einer neuen Gefangenschaft des Evangeliums stehen. Es ist völlig selbstverständlich, dass diese Frage neben begeisterter Rezeption auch skeptische Abwehr provoziert. Sowohl unnüchterner Überschätzung der missionarischen

Möglichkeiten wie auch unkritischer Abwehr alles Nichttheologischen gegenüber bedarf es eines sorgfältigen Abwägens der Potenziale eines milieutheoretischen Zugangs zu Kirche und Gesellschaft. Genau darum geht es in dieser Einführung in die Sinus-Milieus und microm-Geo-Milieus®.

Konkreter Anlass dieser Veröffentlichung ist die gemeinsame Sinus-Studie „Evangelisch in Baden-Württemberg", die die Evangelische Kirche in Baden (EKiBa) und die Evangelische Landeskirche in Württemberg (ELKWü) in Auftrag gegeben haben und deren wichtigste Ergebnisse im Herbst 2012 vorgestellt werden sollen.

Mein herzlicher Dank gilt sowohl dem Geschäftsführer von SINUS®, Herrn Bodo Flaig, und dem Geschäftsführer von microm®, Herrn Walter Erlenbach. Beide haben mich intensiv beraten, dabei zu keiner Zeit die kritischen wissenschaftstheoretischen Reflexionen zu den Grenzen der Aussagefähigkeit der beiden Instrumente infrage gestellt. Die das SINUS® -Institut bzw. microm® und deren Forschungsansätze betreffenden Passagen wurden von beiden auf sachliche Richtigkeit geprüft. Ich möchte dafür danken, dass SINUS® und microm® freundlicherweise die geschützten Grafiken kostenfrei für den Abdruck zur Verfügung gestellt haben. Den Kirchenleitungen der Evangelischen Kirchen in Baden und in Württemberg danke ich für ihr über Jahre anhaltendes Interesse an der Lebensweltforschung und den Mut, mit dem sie diese Perspektive und auch die Veröffentlichung dieses Buches gefördert haben. Dem Brunnen Verlag, vor allem dem Geschäftsführer Detlef Holtgrefe und dem theologischen Lektor Uwe Bertelmann, danke ich für die Bereitschaft, aus aktuellem Anlass dieses anspruchsvolle Veröffentlichungsprojekt sehr kurzfristig und bemerkenswert flexibel zu realisieren.

Heinzpeter Hempelmann

I. Der Spur des heruntergekommenen Gottes folgen

Warum wir die Milieuperspektive als Augenöffner brauchen und wie unsere Milieubefangenheit unser missionarisches Wollen behindern kann

1. Dem Missionskonzept Gottes folgen

Wer missionarisch arbeiten will, sollte sich am besten am Beispiel und Vorbild des lebendigen Gottes selbst orientieren. Weil Gott mit uns Menschen kommunizieren will, wird er Mensch, wird wie wir und taucht er ein in unsere Welt. Das Johannesevangelium sagt: Das Wort, das Gott selber ist, wird *Fleisch.* Es teilt unsere Existenzbedingungen (Joh 1,14). Gott selber nimmt an unseren Lebensbedingungen teil.

Paulus schreibt im Christushymnus im Philipperbrief:

> Er, der in göttlicher Gestalt war, hielt es nicht für einen Raub, Gott gleich zu sein, sondern entäußerte sich selbst und nahm Knechtsgestalt an, ward den Menschen gleich und der Erscheinung nach als Mensch erkannt. Er erniedrigte sich selbst und ward gehorsam bis zum Tode, ja zum Tode am Kreuz. Darum hat ihn auch Gott erhöht und hat ihm den Namen gegeben, der über alle Namen ist, dass in dem Namen Jesu sich beugen sollen aller derer Knie, die im Himmel und auf Erden und unter der Erde sind, und alle Zungen bekennen sollen, dass Jesus Christus der Herr ist, zur Ehre Gottes, des Vaters (Phil 2,6-10).

Der Sohn verlässt die himmlische Herrlichkeit beim Vater. Er kommt zu uns; er hockt nicht auf seinen göttlichen Privilegien und Monopolen. Er gibt die himmlische Herrlichkeit preis und setzt sich aus; er wird Mensch. Obwohl er beim Vater alles hat, bemerkt er, was fehlt; dass wir fehlen; erfasst ihn die Sehnsucht nach denen, die nicht da sind – in dieser himmlischen Herrlichkeit. Nur deshalb kann er bei uns sein, weil wir, die nicht da sind, ihm etwas bedeuten. Der Sohn – so Paulus wörtlich – „entleert" sich. Er macht sich selbst zu nichts, modern gesprochen: Er gibt seine Identität auf. Er, Gott, wird verwechselbar mit uns Menschen. Er verlässt die himmlischen Mauern und die festen Burgen. Er setzt sich aus. Nur so kann er bei uns sein.

Der Hebräerbrief kann die Aussage wagen, dass Jesus darüber ein *barmherziger Hoherpriester wird.* Er wird in allem versucht wie wir. Er lernt unsere Welt, ja er lernt über dem, was er an dieser und in dieser Welt *leidet* (Hebr 5,8). Der Sohn gibt den (Urteils-)Standpunkt absoluter göttlicher Überlegenheit auf. Hier, in der Tiefe, wächst ihm über der Begegnung mit der real verlorenen Welt noch einmal eine andere Sicht zu. Nur so kann er uns erkennen, wirklich erkennen, dass er bei uns ist und unsere Lebensverhältnisse teilt.

Gott selber begibt sich in unser Milieu hinein.

Der Sohn Gottes wird barmherzig; er lernt Barmherzigkeit. Aus dem *Pathein,* dem Leiden, resultiert ein *Empathein,* ein Sichhineinfühlen, Nachempfinden, und aus der empiriegestützten Empathie wird schließlich *Sympathie,* Sympathie für unser Milieu, wörtlich Mit-Leiden: „Daher musste er in allem seinen Brüdern gleich werden, damit er barmherzig würde und ein treuer Hoherpriester vor Gott, zu sühnen die Sünden des Volkes. Denn worin er selber gelitten hat und versucht worden ist, kann er helfen denen, die versucht werden" (Hebr 2,17f.). Nur so kann er bei uns sein. Dass Gott in Jesus unter uns ist, das macht etwas mit ihm. Das verändert ihn. Gott lernt uns in Jesus kennen. Wir sehen hier:

- Weil Gott uns liebt, will er uns helfen.
- Er hilft uns nicht, indem er vom Himmel aus ein Rettungsprogramm fernsteuert.

- Er kommt zu uns; er zeigt Interesse, indem er unter uns, zwischen uns Menschen ist.
- Er lernt dabei unsere Situation, unsere Not kennen. Natürlich weiß Gott, wer wir sind und wie es um uns bestellt ist. Aber dies theoretische Wissen reicht ihm nicht. Kennenlernen ist ganz etwas anderes als theoretisch Bescheid wissen. Kennenlernen heißt berührt werden, angerührt werden, sich durch die Teilhabe an einer Situation auch verändern lassen.

Paulus bringt die Sache missionstheologisch auf den Punkt, was das nun für die Jünger Jesu, die Christen, die Kirche, bedeutet: „Ich bin allen alles geworden", formuliert er sein Missionskonzept, mit dem er genau dem skizzierten Vorbild des lebendigen Gottes folgt:

> Denn obwohl ich frei bin von jedermann, habe ich doch mich selbst jedermann zum Knecht gemacht, damit ich möglichst viele gewinne. Den Juden bin ich wie ein Jude geworden, damit ich die Juden gewinne. Denen, die unter dem Gesetz sind, bin ich wie einer unter dem Gesetz geworden – obwohl ich selbst nicht unter dem Gesetz bin –, damit ich die, die unter dem Gesetz sind, gewinne. Denen, die ohne Gesetz sind, bin ich wie einer ohne Gesetz geworden – obwohl ich doch nicht ohne Gesetz bin vor Gott, sondern bin in dem Gesetz Christi –, damit ich die, die ohne Gesetz sind, gewinne. Den Schwachen bin ich ein Schwacher geworden, damit ich die Schwachen gewinne. Ich bin allen alles geworden, damit ich auf alle Weise einige rette (1Kor 9,19-22).

Dieses „Interesse" bedeutet theoretisch und praktisch:
- differenzieren können, mit wem man es zu tun hat; nicht alle über einen Kamm scheren;
- wahrnehmen, dass die Menschen, mit denen wir es zu tun haben, sehr unterschiedlich sind; ja dass sie zwar alle das Evangelium brau-

chen, dass sie selber aber völlig gegensätzliche Standpunkte einnehmen – der Jude steht unter dem Gesetz, während der Heide ohne Gesetz ist;
- sich auf die unterschiedlichen Szenerien einlassen; in die unterschiedlichen religiösen Milieus eintauchen;
- die eigene Herrlichkeit verlassen; sich nicht mehr als Nabel der Welt betrachten.

Für unsere missionarische Strategie heute können wir hier vier Grundsätze gewinnen:

PAULUS: ICH BIN ALLEN ALLES GEWORDEN.

- Die, die wir erreichen wollen, müssen wir lieb haben; sonst halten wir den Stress und die Mühe gar nicht aus. Kirchenleitende Strategien und missionarische Gemeindeaufbauprogramme greifen da zu kurz, wo sie das ersetzen wollen, was nicht ersetzbar ist: Nicht der Erhalt der Kirche, nicht das Wachstum der Gemeinde steht im Mittelpunkt, sondern das Interesse an Menschen, die noch nicht das Glück haben, dass das Evangelium ihr Leben prägt.
- Wenn wir Menschen erreichen wollen, müssen wir zu ihnen hingehen; müssen wir an ihrer Lebenswelt teilnehmen; wir müssen uns dann abkehren von der Erwartung, dass die Menschen doch gefälligst zu uns kommen sollen. Attraktive Gottesdienste reichen nicht aus. Wenn wir dem lebendigen Gott folgen wollen, bedeutet das: weg von der Komm-Struktur, hin zu der Geh-Struktur.
- Wenn wir Menschen erreichen wollen, müssen wir Grenzen überschreiten, räumliche wie mentale: genau hinschauen, mit wem wir es zu tun haben, kennenlernen wollen, uns nicht abgrenzen von dem, was fremd ist und seltsam wirkt, sondern eintauchen in das ganz Andere und Fremde, Berührungsängste verlieren.
- Wenn wir Menschen erreichen wollen, müssen wir bereit sein, wie Paulus zu differenzieren; die Liebe gebietet es, den Einzelnen und Gruppen in ihrer Prägung gerecht zu werden, und das Evangelium in ihrer Lebenswelt lebendig werden zu lassen.

Um es mit einem Lied des Soulsängers Xavier Naidoo zu sagen: „Dieser Weg wird kein leichter sein“. Aber wenn wir ihn gehen, folgen wir – um ein Sprachspiel von Michael Herbst aufzunehmen – der Spur des heruntergekommenen, des zu uns heruntergekommenen Gottes[1]. Wir nehmen Teil an seiner Mission; sind Teil seiner Mission.

2. Konsequenzen

1. Kirche, die teilhat an der Mission des heruntergekommenen Gottes, verlässt die dicken Mauern ihrer angestammten Lebenswelt, weil sie bei den Menschen sein will. Sie wird nomadisierende Kirche, Kirche unterwegs, Kirche im Milieu.
2. Kirche des heruntergekommenen Gottes hat eine Sehnsucht nach denen, die nicht da sind. Die Liebe, das Interesse an den anderen, die auch zu ihr gehören, die Christus ebenfalls gerufen hat, treibt sie um.
3. Kirche des heruntergekommenen Gottes interessiert sich. Sie ist dabei, dazwischen und dabei kann es passieren, dass sie sich überschreitet und nicht mehr weiß, wer sie ist und ihre feste Gestalt und Identität hinter sich lässt, einfach nur, um bei den Menschen zu sein.
4. Milieuüberschreitende, sich selbst überschreitende Kirche verlässt den Platz, an dem sie über Jahrhunderte gehockt hat. Jetzt muss und darf sie endlich denen hinterher, die schon lange aus ihr ausgezogen und schon ganz woanders sind; unter den Arbeitslosen[2] und den Akademikern; unter den

Kirche hat Teil an der Mission des heruntergekommenen Gottes.

---

[1] Michael Herbst: Reden vom heruntergekommenen Gott, Neukirchen-Vluyn 2001.

[2] Kirche ist noch nicht *als Kirche* im prekären Milieu, wenn sie „Tafeln“ organisiert und durchführt. Die Inkarnation des Evangeliums ist etwas anderes, als aus einer gesicherten Position heraus, „von oben herab“, soziale Hilfe zu leisten, so wichtig und unverzichtbar das ist. Wie wird Kirche zur Kirche im prekären Milieu?

Armen und den Anerkannten, Erfolgreichen, findet sie zu neuen Gestalten. Sie wird sich nicht nur wohlfühlen dabei; sie wird sich nicht mehr so sicher fühlen. Sie wird sich fragen, ob sie noch „dieselbe" ist. Aber sie wird bei den Menschen sein. Die Unterschiedlichkeit der Glieder wird ihr zu einem ganz großen Reichtum werden, der auch die mindestens teilweise entschädigt, die gerne zurückgeblieben und nicht aufgebrochen wären.

5. Kirche des heruntergekommenen Gottes ist ihr Milieu überschreitende Kirche. Mission ist das Strukturprinzip dieser Kirche. Sie lässt sich ihr Format durch ihren Auftrag vorgeben und ihre Gestalten durch ihren Auftrag bestimmen. Eben deshalb wird sie die Parochie nicht preisgeben. Für viele ihrer Glieder ist Parochie Heimat. Ebenso wenig lässt sie sich ein auf die falsche Alternative von Ortsgemeinde oder neuen Formen von Kirche, den sogenannten „fresh expressions of church". Sie folgt dem alten, bewährten, sogar theologisch fundierten Bauhaus-Grundsatz: form follows function[3].

3. Die Menschen um uns herum in ihrer Unterschiedlichkeit wahrnehmen – und warum das oft nicht gelingt

Ich weiß nicht, ob Ihnen das anders geht: Ich denke, dass eigentlich alle so denken, reden, empfinden und handeln müssten wie ich. Ich denke und handle richtig – wenn nicht, würde ich dann nicht anders denken?! Ich bin normal, und ich bin dazu auch noch im Beruf und in der Gemeinde von Menschen umgeben, die ganz ähnlich denken, reden, empfinden und handeln wie ich. Das zeigt doch nur, dass ich richtigliege. Das Problem ist nur: Es gibt offenbar eine ganze Reihe von Leuten, die anders sind. Das ist aber eigentlich nicht zu verstehen. Eigentlich, wenn

---

[3] In einem analogen Sinn bei dem Architekten Louis Sullivan: The tall office building artistically considered, Lippincott's Magazine, März 1896.

sie vernünftig denken würden, müssten sie doch so ticken wie ich. Das eigentliche Problem ist:

Es gibt eine ganze Reihe von Gruppen in unserer Gesellschaft, die im Hinblick auf mich (und die, die so sind wie ich) genauso empfinden, wie ich ihnen gegenüber. Jeder denkt, er wäre normal, weil er oder sie es ja gewohnt sind, so zu ticken, wie sie ticken, und weil wir uns natürlich mit Menschen umgeben, die so ticken wie wir. Alles andere wäre ja auch viel zu mühsam. Die, die anders sind als wir, denen signalisieren wir auf vielerlei Weise: Ändere dich, oder du gehörst nicht zu uns! Wir bilden *Gruppen Gleich Gesinnter*, und wir leben in ihnen. Sie stabilisieren uns in unserer Weise, die Welt zu sehen. Sie geben uns Halt und Sicherheit, wenn wir merken, dass die Welt da draußen so ganz anders ist.

Das Problem ist weiter, dass nicht nur die Gesellschaft so funktioniert, sondern eben auch unsere Kirchengemeinden, Gemeinschaften und Hauskreise. Dass wir sie attraktiv gestalten, heißt ja im Regelfall, wir machen sie – noch mehr – so, dass Menschen wie wir sich in ihnen wohlfühlen. Das Fatale dabei: Je wohler sich die einen fühlen, je mehr fühlen sich andere, die eine ganz andere Prägung mitbringen, abgestoßen. Je mehr die einen sich einbezogen fühlen, desto mehr spüren die anderen instinktiv: Wir gehören nicht dazu. Das ist besonders deutlich bei so „Äußerlichkeiten" wie Musik und Gesang im Gottesdienst, es fängt aber eigentlich schon an mit der Ansetzung der Gottesdienstzeiten und den Orten, an denen Gottesdienst stattfindet: Sonntagmorgen 10.00 Uhr ist für den einen ein ehernes Gesetz, für den anderen bedeutet es: „Mich wollen die nicht dabeihaben. Das passt doch gar nicht zu meinem Leben. Denn da ist die einzige Zeit, wo ich ausschlafen kann", oder: „Das ist die einzige Zeit, wo wir als Familie miteinander kommunizieren können", oder: „Das ist die Zeit, wo ich natürlich berufstätig bin" (ca. 40 % der erwerbstätigen Bevölkerung). Was für mich eine Entlastung bedeutet: jeden Sonntag, gleicher Ort, gleicher Sitzplatz, gleiche mentale Welle – das ist für meinen Heranwachsenden nur ätzend, nur abschreckend.

Jeder denkt, er wäre normal – weil wir uns mit Menschen umgeben, die so ticken wie wir.

Uns, den *Etablierten*, fällt da nur ein: Wir sind doch da; bei uns wird doch das Evangelium verkündigt. Sollen die anderen sich doch an uns anpassen; sollen sie doch zu uns kommen; sollen sie doch ihr Leben ändern, um bei uns mittun zu können. Nur: Genau das ist eben nicht die Weise Jesu, die Art, wie Gott mit uns kommuniziert, indem er uns aufsucht; es ist nicht die Missionsstrategie des Paulus, der nicht erwartet, dass alle erst einmal so werden wie er, bevor er ihnen das Evangelium weitersagen kann.

Wir glucken eben nicht nur im Freizeit- und Hobbybereich zusammen, sondern eben auch in der Gemeinde. In ihr sind wir, die normalen Christen, zusammen. Wir können uns manchmal kaum vorstellen, dass man Christsein vielleicht auch in anderen kulturellen Formen und in anderen mentalen Perspektiven leben kann. Wie oft identifizieren wir die Art, wie wir unseren Glauben leben, mit dem Glauben selber? Wie oft setzen wir die kulturelle Form, die unser Glauben in Jahrhunderten im Zusammenwachsen mit einer traditionsorientierten Hochkultur gewonnen hat, mit der eigentlichen, einzigen kulturellen Form, die Glauben legitimerweise haben kann, gleich? Pop-Musik – das ist von vornherein unchristlich: „Warum englische Lieder im Gottesdienst singen, noch dazu mit Gitarre und – ganz schlimm – Schlagzeug? Wir leben doch schließlich in Deutschland. Orgelmusik ist das einzige, wirklich christliche Musikinstrument in der Kirche." Oder umgekehrt: „Warum nur diese langsamen, langweiligen und jahrhundertealten Choräle von Luther, Paul Gerhardt und anderen singen? Warum dieser langweilige, vorhersehbare, lineare Gottesdienstablauf, immer dasselbe?" Herauskommen dann sehr oft *worship wars* (P. Kiefert), Kriege, die um den Gottesdienstablauf geführt werden. Warum?

- Weil wir uns zum Mittelpunkt der Welt machen. So wie wir sind, so ist „normal".
- Weil wir in alledem einen „gesunden", aber gar nicht geistlichen Egoismus verfolgen. Ich will so bleiben, wie ich bin, und so, wie ich bin, so geht richtig.
- Weil wir zwar „missionarisch" sein wollen und das unser Selbstver-

ständnis prägt, aber bitte ohne Bewegung, ohne mentale, räumliche, emotionale Veränderung.
- Weil hier das Prinzip des Gewinnen-Wollens und die Haltung des Dienens vergessen sind, die Gott Mensch werden lässt; die Paulus allen alles werden lässt, nur um einige zu gewinnen.

Wir nehmen wahr:
- Die Segmentierung und Fragmentierung, die Gruppenbildung und Zersplitterung unserer Gesellschaft in eine Vielzahl von Gruppen Gleich Gesinnter setzt sich in der Gemeinde fort. Auch unter den Christen gibt es eine Vielzahl von Lebenswelten. Nur einige davon finden sich im Gottesdienst und im Leben der gottesdienstlichen (Kern-)Gemeinde wieder.
- In Gemeinden, Gemeinschaften und Kirchengemeinden dominieren Christen mit einer bestimmten Prägung. Diese Gemeinden entfalten oft eine hohe Attraktivität und wirken missionarisch anziehend – für Menschen, die eine ähnliche Prägung haben. Das Milieu, das jeweils vorherrscht, kann unterschiedlich sein: *traditionsorientiert-konservativ* oder *hochkulturell-etabliert* oder *modern-liberal*. Die Wirkung ist immer dieselbe: Menschen derselben Art werden angezogen, andere abgestoßen.
- Auch in (Kirchen-)Gemeinden gibt es sogenannte Distinktionsgrenzen, deutlicher gesprochen: Ekelschranken zwischen den einzelnen Milieus, die zuverlässig funktionieren, auch wenn viele sie nicht wahrhaben wollen und theologisch ummänteln: Was den einen gefällt, schreckt die anderen ab. Je wohler sich die einen fühlen, umso mehr wissen die anderen: Hier gehören wir nicht hin.

MENSCHEN DERSELBEN ART WERDEN ANGEZOGEN, ANDERE ABGESTOSSEN.

Vor diesem Hintergrund sind bestimmte Befunde leicht interpretierbar: Auch dort, wo man sich sehr anstrengt, erreichen Kirchengemeinden nicht mehr als 4–10 % ihrer Mitglieder. Auch dort, wo eine *tradi-*

tionsorientiert-bürgerlich geprägte Gemeinde missionarisch hoch engagiert ist, gelingt es ihr kaum, ihre Milieugrenzen zu überwinden. Immer wieder werden Menschen angesprochen, aber deren Beheimatung in den vorgegebenen Formaten gemeindlichen Lebens gestaltet sich sehr schwierig.

Milieuforschung kann uns helfen,

- die Ursachen für diese Befunde zu verstehen,
- den Blick zu weiten für die so unterschiedlichen „Alle", von denen Paulus sprach und denen wir heute gegenüberstehen,
- den „blinden Fleck" auszugleichen, der sich durch unsere mentale und kulturelle Befangenheit im Regelfall ergibt,
- uns missionarisch zu fokussieren: Wie sehen denn die Lebenswelten derer aus, die wir so relativ wenig erreichen, obwohl sie vielleicht zur Kirche gehören; obwohl sie vielleicht schon einmal eine intensivere Berührung mit Glaube, Gott, Gemeinde hatten? Wie stehen sie zur Kirche? Wie leben sie Gemeinschaft? Was sind ihre Dont's und was ihre Do's? Was müssen wir beachten, wenn wir sie erreichen wollen?
- Gemeinde zu bauen, mit der wir bei den Menschen sind, und nicht mehr zu erwarten, dass die Menschen zu uns kommen und sich unseren geprägten Formaten von Gemeinden anpassen

Um von der Milieuforschung wirklich zu profitieren, stellen wir sie im Folgenden zunächst vor, vergegenwärtigen uns die Herausforderungen, vor denen wir stehen, wenn wir sie für die Kirche nutzbar machen wollen, und zeigen dann auf, wo und wie sie konkret angewendet werden kann.

II. Was ist überhaupt Milieuforschung?

Fünf Phasen der Entwicklung der Milieuforschung

Phase 1: Das klassische Modell – die Gesellschaft als Pyramide. Schichten und Klassen in einem fest und hierarchisch gegliederten Zusammenleben

Die klassische Sozialforschung unterscheidet in unserer Gesellschaft verschiedene Schichten oder, in der marxistischen Gesellschaftsanalyse, Klassen. Die Ungleichheit der Menschen wird an den sozioökonomischen Verhältnissen festgemacht. Wie viel Geld hat jemand? Über welche Finanzen und Bildungsressourcen verfügt er? Bildung wird immer wichtiger. Hat jemand bloß einen Hauptschulabschluss oder vielleicht noch nicht einmal die Schule abschließen können? Einkommen, Herkommen, Bildung und Beruf – das sind die Marker, anhand derer man Menschen verschiedenen Schichten/Klassen zugeordnet hat. Das Ergebnis kann man sich in Form einer Pyramide vorstellen:

→ Abb. 1: Das Pyramidenmodell: klassische soziologische Beschreibung einer herkömmlichen, übersichtlich hierarchisierten Gesellschaft, S. I.

- Unten die breite Basis, die Unterschicht: Mit eher geringen materiellen Möglichkeiten, schlecht ausgebildet, leben diese Menschen oft in prekären Lebensverhältnissen.
- Darüber die Mittelschicht, das Bürgertum gehört dazu, wohlhabende Landwirte und eine wachsende Schar qualifizierter Angestellter, Beamte im mittleren und gehobenen Dienst.
- In der Spitze und an der Spitze der Vermögensverhältnisse die Oberschicht: Die gesellschaftliche Elite besetzt und besitzt die Leitungspositionen in Staat, Gesellschaft, Kirche und den großen gesellschaft-

lichen Institutionen, in Kultur und Wirtschaft. Akademische Ausbildung ist Regelfall, außerdem eine Alimentierung des Lebens, die von der Sorge um den Lebensunterhalt freistellt.

Über sehr lange Zeit war dieses Schichtenmodell geeignet, soziale, mentale und ökonomische Unterschiede in unserer Gesellschaft ausreichend zu beschreiben. Von ganz wenigen, oft beargwöhnten und ausgegrenzten Ausnahmen abgesehen waren die Schichten homogen. Wer zu einer bestimmten Schicht gehörte, hatte in aller Regel die entsprechenden materiellen Möglichkeiten oder eben Defizite, teilte in aller Regel die seine Schicht kennzeichnenden Einstellungen und bewegte sich im Normalfall in dem für seine Schicht kennzeichnenden (Aus-) Bildungskanon. Die Gesellschaft war übersichtlich gegliedert, die Schichten bzw. die Bevölkerungsgruppen, aus denen sie sich zusammensetzten, durch ein entsprechendes Standesbewusstsein („Bürger", „Arbeiter", „Adeliger", „Geistlicher" etc.) gekennzeichnet. Auch waren die Schichten untereinander nur wenig durchlässig.

Phase 2: Irritation – Auflösung und Aufbruch – Diversifizierungsprozesse

Dieses Modell gesellschaftlicher Gliederung ist in den Katastrophen der ersten Hälfte des 20. Jahrhunderts erst brüchig geworden und dann zerbrochen. Nach dem Zweiten Weltkrieg und im Wiederaufbau ersteht ein aufstiegsorientiertes Bürgertum, eine starke und selbstbewusste Mitte der Gesellschaft. Neben den traditionellen Eliten bilden sich durch die Startchancen des Neuanfangs vor allem im wirtschaftlichen, später auch im Bereich von Wissenschaft und Bildung neue, parallele Funktionseliten aus, die zunehmend mehr in Konkurrenz zu den traditionellen Führungskräften treten. Die 68er-Bewegung verändert zusätzlich und auf Dauer das Gefüge der überkommenen Gesellschaft, auch staatlicher Institutionen. Neben alte Tugenden treten postmaterielle Werte, die sich in der Mitte der Gesellschaft verankern. Pünktlichkeit, Höflichkeit, Disziplin werden als Werte mehr und mehr an den Rand gedrängt; Toleranz, Offenheit, Liberalität, globalisiertes Denken in größeren Zusammenhängen, aber auch das Streben nach Selbstverwirklichung dominieren. Bereits in den 1980er-Jahren spricht der Frankfurter Sozialphilosoph Jürgen Habermas von der „neuen Unübersichtlichkeit“[4], die unser gesellschaftliches Zusammenleben prägt. An die Stelle der hierarchischen Gliederung und eines verbindlichen Wertekanons, der von den Eliten propagiert und von den anderen übernommen wird, tritt eine unübersichtliche Landschaft von Orientierungen und Gruppierungen.

Phase 3: Das moderne Modell: Individualisierung

In der Sozialwissenschaft kommt es zu einem ersten Paradigmenwechsel: Der Soziologe Ulrich Beck[5] entwickelt das sog. Individualisierungstheorem und versucht so, der Mittelpunktstellung des Individuums im gesellschaftlichen Leben zu entsprechen. Seine These: Die traditionellen Ordnungen und Bindungen haben sich sehr weitgehend aufgelöst. Umgekehrt hat der einzelne Mensch immer mehr die materiellen Möglichkeiten, sein Leben nach seinen eigenen, ganz persönlichen Vorstellungen zu entwerfen und zu führen. Er wird unabhängiger von seiner Klasse, Familie und den Vorstellungen, die er dort

Das klassische, hierarchische Modell ist in den Katastrophen der ersten Hälfte des 20. Jahrhunderts zerbrochen.

---

[4] Vgl. Jürgen Habermas: Die neue Unübersichtlichkeit. Kleine politische Schriften, Frankfurt a.M. 1985, Kap. 5.

[5] Vgl. Ulrich Beck: Jenseits von Stand und Klasse? In: Ulrich Beck/Elisabeth Beck-Gernsheim (Hrsg.): Riskante Freiheiten, Frankfurt a.M. 1994, 43-60.

findet. Die Pluralisierung und Dynamisierung der Lebensverhältnisse lässt das Leben immer mehr zum individuellen Projekt, allerdings auch Risiko werden, die Möglichkeit zum Abstürzen eingeschlossen.[6]

Phase 4: Neuorientierung: Berücksichtigung der (Er-)Lebenswelt

Nur: Besteht unsere Gesellschaft wirklich aus 82 Mio. Individuen? Stimmt diese Diagnose einer durchgehenden Individualisierung der Lebensverhältnisse? Modetrends, denen Millionen folgen, ganze Generationen des VW-Golf oder eine Jeans-Mode, die die Lebenswelt doch nicht unbedingt individualisiert, ließen und lassen Zweifel aufkommen. Anfang der 1990er-Jahre legt der Bamberger Sozialwissenschaftler Gerhard Schulze einen Neuansatz zur Beschreibung unserer Gesellschaft vor: *Die Erlebnisgesellschaft. Eine Kultursoziologie der Gegenwart*[7] (1992). Er weist darauf hin, dass unsere Gesellschaft mitnichten aus lauter Individuen besteht; dass eben nicht eine umfassende Selbstverwirklichungsbewegung unsere Lebensverhältnisse bestimmt; dass die Menschen eben nicht nach der Befreiung von den großen, bestimmenden traditionellen Horizonten der Vergangenheit nun ihren jeweiligen individuellen Lebensstil suchen. Schulze beobachtet neben der weiter bestehenden traditionellen Orientierung und dem modernen Wertewandel, zu deren Wortführern linksorientierte Gesellschaftstheoretiker gehören, eine dritte Orientierung: Erlebnis ist offenbar eine Schlüsselkategorie, wenn man verstehen will, wie Menschen leben, nicht alle, aber immer mehr und vor allem die nachwachsenden Generationen.

---

6 Ulrich Beck: Risikogesellschaft. Auf dem Weg in eine andere Moderne, Frankfurt a.M. 1986; ders.: Weltrisikogesellschaft. Auf der Suche nach der verlorenen Sicherheit, Frankfurt a.M. 2007.

7 Frankfurt/New York 1992, 2., um ein neues Vorwort erg. Aufl. 2005.

Schulze greift einen Begriff auf, den man bisher eher aus anderen Zusammenhängen kannte. Unsere Gesellschaft teilt sich auf in verschiedene „Milieus“: Auch wenn wir heute, nach zwei Jahrzehnten, Schulzes Milieutafel als zu grob empfinden, war mit dieser Einsicht ein dreifacher, sehr wichtiger Sachverhalt ausgesprochen:

Weder die Aufteilung in Schichten reicht aus, noch die These eines umfassenden, alle erfassenden Individualisierungsprozesses. Schulze wendet sich also gegen den Trend zu völliger Individualisierung. Wir müssen soziale Unterschiedlichkeit noch einmal anders fassen. Menschen bilden nicht nur gesellschaftliche Großgruppen (wie „die Arbeiter“); sie leben auch nicht jeder für sich. Sie glucken vielmehr zusammen in überschaubaren, profilierten Lebenswelten. Die einprägsamste Definition von Milieu stammt vom SINUS®-Forschungsinstitut. Sie lautet: *Milieu ist eine **G**ruppe **G**leich **G**esinnter*. Milieu als „**3G**“, das bedeutet: Menschen entziehen sich der allgemeinen Unübersichtlichkeit, sie bleiben nicht bei sich, sondern sie tun sich zusammen mit Menschen, mit denen sie sich verbunden wissen in Einstellungen, Kommunikationsweise, in Reden, Denken, Handeln, auch in Bildungs- und materiellen Verhältnissen. Denn die bestimmen ja ganz stark mit, wie mein Freizeitleben, wie meine Hobbys, wie mein Lebensstil aussieht.

Wir müssen die Lebenswelt der Menschen ansehen, wenn wir unsere Gesellschaft verstehen und gliedern wollen. Dazu reichen die traditionellen Merkmale wie Bildung und Vermögensverhältnisse, eventuell noch Herkommen und Beruf, lange nicht mehr aus. Entscheidend ist, wie sie „ticken“, wie sie im Alltag leben; was sie sich wünschen, wie die Logik ihres Handelns aussieht. Und hier gibt es eben große Unterschiede, die man nur angemessen beschreiben kann, wenn man von einer Reihe von Milieus spricht. Schulze teilt die Gesellschaft dementsprechend in „alltagsästhetische Schemata“ ein.

EIN MILIEU IST EINE GRUPPE GLEICH GESINNTER.

→ Abb. 2: Das Milieumodell von Gerhard Schulze, S. I.

Phase 5: Etablierung – Lebensweltorientierung als zentraler Ansatz heutiger Sozialforschung

Heutige Sozialwissenschaft ist vor allem eines: Erforschung der unterschiedlichen Lebenswelten, der Milieus und Submilieus, der Kulturen und Subkulturen, aus denen unsere Gesellschaft besteht oder besser: in die sie zerfällt.

Unterschieden werden, je nach Ansatz,

- Lebensstile, also kulturelle und/oder ästhetische Unterschiede in der Stilisierung des alltäglichen Lebens (vgl. etwa die Typologie von sechs Lebensstilen, die der vierten Kirchenmitgliedschaftsuntersuchung der EKD aus dem Jahre 2002 zugrunde liegt),
- Milieus, die sich auszeichnen durch gemeinsame Wert-, Orientierungs-, Kommunikations-, Erfahrungsmuster,
- Mentalitäten, subjektive und kollektive Einstellungen, die das Denken, Reden und Handeln bestimmen (Prämoderne, Moderne, Postmoderne).

→ Abb. 3: Lebensstil und sozialer Raum, S. II.

Milieuforschung passiert heute vor allem in drei Bereichen:

1. In der Sozialforschung an Hochschulen als Grundlagenforschung. Hier fragt man: Wie sieht unsere Gesellschaft aus?
2. In der Politik-, speziell Wahlforschung: Hier erkundet man die Wählermilieus der Parteien. Die Politik steht vor dem Dilemma, dass die traditionellen Wählerreservoire sich auflösen. Sie muss versuchen, Unterstützung für Positionen in bestimmten zersplitterten Hintergründen („Milieus“) aufzuspüren und zu mobilisieren.
3. In der Markt- wie Sozialforschung mit dem Ziel, Menschengruppen besser, also gezielter und effizienter, ansprechen zu können. Milieuforschung hilft beim Marketing, bei der strategischen Planung von Produkten für bestimmte Zielgruppen und unterstützt gesellschaftliche Institutionen, die unsere Gesellschaft und ihren Wandel präzi-

ser verstehen und Maßnahmen ergreifen wollen, die der sozialen und mentalen Unterschiedlichkeit der Menschen entsprechen. Hier sind an erster Stelle Ministerien, aber auch die großen Kirchen zu nennen.

→ Abb. 4: Das Miteinander der Basismentalitäten, S. II.

Forschungsergebnisse anderer Disziplinen spielen für die moderne Soziologie und ihre Milieuorientierung eine entscheidende Rolle. Ich nenne beispielhaft

- die moderne Kulturanthropologie/Ethnologie und ihre Erforschung unterschiedlicher Mentalitäten, aber auch die französische, später auch deutsche Geschichtswissenschaft, in deren Mittelpunkt nicht mehr große Taten großer Männer, sondern der Alltag der kleinen Leute steht;
- die bahnbrechenden Reflexionen des französischen Soziologen und Philosophen Pierre Bourdieu[8]. Ohne den Begriff Milieu im heutigen Sinne zu gebrauchen, leistet Bourdieu einen wertvollen Beitrag zur Milieuforschung, indem er in umfassender und detaillierter Weise zeigt, wie stilisierte Unterschiede in den alltäglichen Lebensweisen dazu dienen, dass Menschen sich von anderen Menschen abgrenzen, auch Herrschaft von Menschen über Menschen begründen und welche Rolle diese Distinktionsgrenzen als Ekelschranken zwischen den Milieus haben.

---

[8] Die feinen Unterschiede. Kritik der gesellschaftlichen Urteilskraft, dt. 1. Aufl. Frankfurt a.M. 1982.

III. Was ist eigentlich „Sinus®“?[9]

Das Institut – der Ansatz – die Studien für die Kirche

1. Das Markt- und Sozialforschungsinstitut Sinus® Heidelberg/Berlin/Wien

Vor allem das Sinus®-Institut Heidelberg hat sich einen Namen in der Erforschung der Lebenswelten heutiger Gesellschaft gemacht. Für uns ist das Sinus-Milieumodell, besser bekannt durch seine „Kartoffelgrafik“, darum so interessant, weil Sinus® bereits mehrfach für die katholische und inzwischen auch für die evangelische Kirche gearbeitet hat. Wer und was ist Sinus®?

Das 1978 gegründete Sinus® Markt- und Sozialforschungsinstitut kombiniert psychologische und sozialwissenschaftliche Forschung mit Dienstleistungen für Kunden, die darauf angewiesen sind, den mentalen und sozialen Wandel in unserer Gesellschaft zu verstehen.

Sinus® berät Wirtschaftsunternehmen wie politische, kirchliche und kulturelle Institutionen bei der kulturhermeneutischen Aufgabe, den gesellschaftlichen Wandel zu verstehen und sich auf ihn einzustellen. Zu den Kunden des Instituts gehören Bundesministerien, Gewerkschaften und Parteien, die katholische Bischofskonferenz und die Evangelisch-Reformierte Landeskirche des Kantons Zürich genauso wie TOP-Adressen der europäischen Wirtschaft, etwa die Allianz Gruppe, die Deutsche Bank, Crédit Suisse, Bank Austria Creditanstalt, die Deutsche Telekom, Siemens VDO, Telekom Austria und Automobilkonzerne wie Chrysler, Honda, Johnson Controls, Alfa Romeo, PSA, VW.[10]

---

[9] Im Folgenden findet sich immer dann Sinus in Kapitälchen, wenn vom Sinus®-Institut die Rede ist.

[10] Vgl. www.sinus-institut.de/unternehmen/referenzen.html, Zugriff am 19. Juli 2012.

Für uns besonders interessant: SINUS® hat in den letzten Jahren fünf teils umfangreiche Studien für die katholische Kirche durchgeführt. 2011 kam die erste für eine protestantische Kirche, die Evangelisch-Reformierte Kirche des Kantons Zürich, dazu. Ebenfalls in 2011 haben die Evangelische Landeskirche in Württemberg und die Evangelische Kirche in Baden eine gemeinsame Studie „Evangelisch in Baden Württemberg“ in Auftrag gegeben. Das EKD-Projekt „Erwachsen Glauben“ arbeitet in seinem Handbuch (siehe Kap. IX, S. 161f.) mit dem Sinus-Milieumodell, indem es danach fragt, welche Kurse zum Glauben für welches Milieu passen und umgekehrt, wie die Vermittlung des Glaubens sich auf die unterschiedlichen Lebensweltlogiken der Menschen einstellen kann.

Das Sinus-Milieumodell ist über die Jahre standig weiterentwickelt worden. Noch zu DDR-Zeiten entwickelt man ein Milieumodell für Ostdeutschland. 2001 stellt SINUS® das erste gesamtdeutsche Modell vor. Das letzte Mal hat SINUS® seinen Ansatz 2010 den stark veränderten gesellschaftlichen Verhältnissen angepasst und die seit 2001 geltende Kartierung der Lebenswelten ersetzt (siehe Kap. IV, 1; S. 48). Das SINUS®-Institut hat im Laufe der Jahre einen enormen Datenschatz aufbauen können. Von den bisherigen Erhebungen profitieren dabei auch neue Studien, sofern sie verwandte Fragestellungen verfolgen. Allein für das neue Milieumodell sind 3000 qualitative Tiefeninterviews (ca. zweistündig) und 300.000 quantitative Erhebungen ausgewertet worden.

SINUS® besitzt darum heute ein wissenschaftlich anerkanntes, empirisch sehr bewährtes Modell. Es ist für Kirche und Christen vor allem deshalb interessant, weil es neben dem, was man objektivierbar über den Menschen wissen kann, also seine sogenannte soziale Lage, auch gezielt weiche, subjektive Faktoren erhebt und berücksichtigt. In die Zuordnung zu einer sozialen Lage gehen Bildung, Beruf, Einkommen (und immer weniger Herkommen) ein. Für die „subjektiven Faktoren“ spielen die Fragen eine Rolle: Welche Wertorientierungen haben Menschen? Welche ästhetischen Präferenzen teilen sie? Welcher Lebensstil verbindet sie mit anderen? Erhoben wird das an so lebensnahen Parametern wie der Einstellung zu Arbeit, Familie, Freizeit, Konsum, Geld, Medien etc. Natürlich gehören auch Religion, Gott, Glaube und Kirche dazu. Durch das Sinus-Milieumodell entsteht ein sehr differenziertes, plurales, buntes Bild der gesellschaftlichen Wirklichkeit. Es kann uns helfen, uns vor Einebnungen und Verkürzungen unseres Blicks auf die Gesellschaft zu hüten, es kann umgekehrt einen fremden Blick auf Kirche und Glaube aus Mitgliederperspektive ermöglichen. Dabei kommt als konstitutiver Faktor dieser Perspektive dazu, dass der Blick nicht individualistisch verengt nur auf dem Einzelnen ruht.

Welche Wertorientierungen haben Menschen? Welche ästhetischen Präferenzen teilen sie?

2. Was das Sinus-Milieumodell auszeichnet

Mit dem Sinus-Milieumodell steht ein einzigartiger Ansatz zur Zielgruppenoptimierung zur Verfügung, der sich durch folgende Merkmale auszeichnet:

- Das Sinus-Milieumodell greift das soziologische Lebensstilmodell auf[11]. Es versucht alle wichtigen Erlebensbereiche zu erfassen.
- Sinus-Milieus gruppieren dementsprechend Menschen, die sich in Lebensauffassung und Lebensweise ähneln. Im Fokus stehen Arbeit und Freizeit, Medien und Konsum, Familie und Geld.
- Der Sinus-Ansatz ist dynamisch. Er erfasst sowohl den Status, versucht aber auch die Veränderungen in Grundorientierung und Lebensstil abzubilden. Gesellschaftliche Veränderungen ziehen damit notwendigerweise eine Modifikation des Sinus-Modells nach sich.

---

11 Vgl. Gerhard Schulze, Die Erlebnisgesellschaft, a.a.O, sowie Gunnar Otte: Sozialstruktur mit Lebensstilen. Eine Studie zur theoretischen und methodischen Neuorientierung der Lebensstilforschung, Wiesbaden 2004 und weitere Literatur im Literaturverzeichnis.

- Das Sinus-Milieumodell liefert Ergebnisse, die über die formale, „objektive" Betrachtungsweise der Soziodemografie hinaus auch inhaltliche Klassifikationen bieten und einen kulturhermeneutischen Ansatz bedeuten. SINUS® sucht zu erfassen, was die Wertorientierungen sind, wie Menschen leben und was ihre Strategien für ihr Leben sind (sofern sie welche haben!). Es erfragt aber auch, wie der Alltag von Menschen aussieht, welche Wunschvorstellungen bestimmend sind, welche Ängste und Zukunftserwartungen jeweils dominieren. Anders als Lifestyletypologien bleiben die Profilierungen der verschiedenen Milieus nicht bei der Beschreibung von Oberflächenphänomenen stehen („Was ist gerade *in?*").

Wer sich umfassender in der Milieuforschung umsieht, stellt fest, dass es verschiedene Ansätze gibt, so etwa neben Sinus- auch noch Sigma- und Delta-Milieus. Dreierlei ist in diesem Zusammenhang wichtig:

1. Die Milieumodelle sind zwar im Detail unterschiedlich, zeigen allerdings eine sehr ähnliche Struktur und übereinstimmende Architektur.
2. SINUS® hat das aktuellste Modell vorgelegt und ist am Markt quantitativ am besten bewährt. Das Delta-Modell vollzieht die Aktualisierung von SINUS® nicht mit. Das Sigma-Modell wird nur noch im Bereich der Automobilindustrie angewandt und ist seit Längerem nicht mehr aktualisiert worden.
3. Die Firma microm® arbeitet seit mehr als 10 Jahren mit dem SINUS®-Institut zusammen und hat in Kooperation mit SINUS® die Sinus-Milieus mikrogeografisch umgesetzt (sog. Geo-Milieus), d.h. auf einen konkreten geografischen Raum bezogen (vgl. Kap. V, S. 66f.). Diese Anwendungsmöglichkeit und darüber hinaus die in einem rein akademischen oder auch kirchlichen Rahmen nicht erreichte empirische Bewährung und durch die Erfahrung gegebene pragmatische Rundung machen SINUS® zu einem bevorzugten, freilich nicht exklusiven Ansprechpartner für die Kirchen.

Grundsätzlich ist wichtig, dass dieses Modell nur im Kontext mit anderen Ansätzen, Perspektiven und Zugangswegen seine Bedeutung entfalten kann. Die Nutzung der Sinus-Perspektive sollte nicht exklusiv, sondern integrativ geschehen und alles berücksichtigen, was wir an Wissen über unsere Gesellschaft und die Menschen, die in ihr leben, in Erfahrung bringen können.

3. Das Phänomen soziodemografischer Zwillinge

Wir vergleichen zwei Frauen. Beide leben in Deutschland und sind zwischen 50 und 60 Jahre alt, beide leben in einer Partnerschaft, beide haben keine Kinder, beide sind beruflich erfolgreich und vermögend, beide stehen im öffentlichen Rampenlicht. Früher hätte das ausgereicht,

Soziodemografische Zwillinge: Angela Merkel und Hella von Sinnen.

um sie einzuordnen – offenbar gehören beide zur Oberschicht, gehören zur Leitungselite des Landes – und auch zusammenzuordnen. In Wahrheit könnten die Unterschiede zwischen ihnen kaum größer sein. Denn wir haben gerade die Bundeskanzlerin und CDU-Vorsitzende Angela Merkel und die bekennende lesbische Ulknudel Hella von Sinnen beschrieben und in einen Topf geworfen. Ich nenne ein weiteres Beispiel: Stefan Raab und Karl-Theodor Freiherr von und zu Guttenberg, auch sie sind demografische Zwillinge: Zwei Männer, beide über 40 Jahre alt, beide leben in einer Partnerschaft, beide haben Kinder (zwei Töchter), beide sind bzw. waren beruflich erfolgreich und sehr vermögend, beide stehen im öffentlichen Rampenlicht. So sehr die soziodemografischen Daten übereinstimmen und Nähe signalisieren, so wenig wird daraus klar, wie unterschiedlich die beiden Persönlichkeiten sind: Inbegriff einer postmodernen Spaß- und Unterhaltungskultur der eine, Inbegriff einer traditionsorientierten Haltung der andere.

Beim Phänomen der sogenannten soziodemografischen Zwillinge zeigt sich ganz deutlich: Objektivierbare Angaben zur sozialen Lage reichen nicht aus, um Menschen und ihre Lebenswelten zu beschreiben und sozial wie mental ausreichende Differenzierungen vorzunehmen.

4. Das Positionierungsmodell von Sinus®

Das Milieumodell von Sinus® zeichnet sich dadurch aus, dass es diese Schwäche der Unterbestimmtheit herkömmlicher soziodemografischer Klassifikation auffängt. Es kombiniert die verschiedenen Sichtweisen. Einerseits wird die soziale Lage abgebildet. Hierbei handelt es sich um die sogenannten „objektivierbaren“ Faktoren, also um alles, was man messen kann, wie vor allem Einkommen, also materielle Verhältnisse, aber eben auch Bildung und Schule. Diese sogenannte soziale Lage wird auf der senkrechten Achse abgebildet. Hier finden wir eine Unterteilung, die wir bereits kennengelernt haben und die in diesem Modell nicht vergessen, wohl aber ergänzt wird. Es ist die Unterscheidung von Unterschicht, Mittelschicht und Oberschicht.

Andererseits wird die Grundeinstellung abgebildet. Hierbei handelt es sich um die Summe der sogenannten „subjektiven" Faktoren: Welche Mentalität hat ein Mensch? Welchen Lebensstil pflegt er? Wie gestaltet er seine Freizeit? Wie orientiert er sich modisch? Wie verhält er sich zu Konsum? Was für Musik hört er? Erhoben werden diese und andere Merkgrößen, die als repräsentativ gelten für die alltägliche Ästhetisierung der Lebenswelt, auf gut deutsch: für die Art und Weise, wie jemand sich sein Leben einrichtet. SINUS® unterscheidet drei Grundorientierungen: eine traditionsorientierte (prämoderne), eine durch das Streben nach Individualisierung und Modernisierung geprägte (moderne) und eine durch Pragmatismus, Multioptionalität, Erleben-Wollen und plurale Denk- wie Verhaltensweisen bestimmte (postmoderne) Mentalität.

Das Positionierungsmodell von SINUS® kombiniert die soziale Lage (Senkrechte) und Grundeinstellung/Mentalität (Waagerechte) und bietet so die Möglichkeit einer zweidimensionalen Landkarte unserer Gesellschaft.

→ Abb. 5: Das Positionierungsmodell von SINUS®, S. III.

5. Sinus-Milieus

Der Forschungsansatz von SINUS® zeigt, wo sich statistisch signifikante Merkmalshäufungen ergeben. Es gibt Menschen, denen sowohl eine bestimmte Mentalität als auch eine bestimmte soziale Lage gemeinsam ist. Noch einfacher: Es gibt „*Gruppen Gleich Gesinnter*, die gemeinsame Werthaltungen und Mentalitäten aufweisen und auch die Art gemeinsam haben, ihre Beziehungen zu Menschen einzurichten und ihre Umwelt in ähnlicher Weise zu sehen und zu gestalten.“[12] SINUS® unterscheidet 10 solcher Milieus, auch wenn natürlich klar ist, dass man grundsätzlich noch sehr viel mehr Sub- und Subsubmilieus auseinanderhalten könnte. Aber bei einer Zahl größer als 10 wird es sehr schnell sehr unübersichtlich. Für das jeweilige Milieuprofil kann man aufgrund von repräsentativen Befragungen angeben, wie viel Prozent der Bevölkerung ihm etwa zuzuordnen sind. SINUS® weist den einzelnen Milieus eine Koordinate zu, die jeweils den „Breitengrad“ (traditionsorientierte, moderne oder postmoderne Mentalität) und den „Längengrad“ (also die Schicht) angibt, in dem sich ein Milieu befindet. Jedes Milieu hat eine charakteristische Bezeichnung. Diese darf nicht missverstanden werden. Es handelt sich nur um Kurzbezeichnungen, die eine schnelle Orientierung ermöglichen sollen. Unter diesen Begriffen wie *konservativ-etabliert* oder *hedonistisch* liegen sehr umfangreiche und detaillierte Erkundungen der jeweiligen Lebenswelt. Sie sind sehr lesens-, ja des Studierens wert. Der bloße Name eines Milieus bedeutet demgegenüber fast gar nichts und darf die detaillierte und differenzierte Kenntnisnahme der einzelnen Lebenswelten nicht ersetzen. Auch die gelieferten Kurzbeschreibungen von SINUS® sind nicht ausreichend. Sie vermitteln nur eine Ahnung vom Milieuprofil, das ja sehr oft gar nicht einlinigschlüssig ist, sondern in vielen Fällen Brüche und scheinbare Inkonsequenzen aufweist (etwa da, wo ein *hedonistisch* orientierter Mensch sich trotz der sein Milieu kennzeichnenden grundsätzlichen Opposition gegen die bürgerliche Gesellschaft im Berufsleben bruchlos integriert, um dazu in seinem „wahren Leben“ gegen sie leben zu können; oder wenn Menschen, die zur Bürgerlichen Mitte gehören, dieses Selbstverständnis auch dann beibehalten und durchzuhalten suchen, wenn sie de facto aufgrund von anhaltender Arbeitslosigkeit abgestiegen sind und materiell in prekären Verhältnissen leben). Solche „Feinheiten“

---

[12] NICOLE BURZAN: Lebensstile und Milieus, in: HEIM ABELS/WIELAND JÄGER/UWE SCHIMANK (Hrsg.): Soziale Ungleichheit – eine Einführung in die zentralen Theorien, Wiesbaden 2004, 115.

bekommt nur mit, wer wirklich einsteigt in die detaillierten Beschreibungen und dann auch im wahren Leben sehfähig wird, etwa da, wo er entdeckt, dass der Nachbar jeden Morgen noch zur selben Zeit ins Auto steigt und das Haus verlässt, aber doch schon seit Monaten ohne Arbeit ist.

→ Abb. 9: Die Sinus-Milieus 2010, S. VI.

6. Meta-Milieus

Das Sinus®-Institut hat sein Positionierungsmodell auch auf andere Gesellschaften übertragen, nicht nur auf Frankreich, Großbritannien, die Schweiz und Österreich, sondern auch auf die USA, Kanada, China und Polen. Insgesamt gibt es Sinus-Milieumodelle für 18 Länder. Sie zeigen länderübergreifende Strukturen und ermöglichen die Identifikation von länderspezifischen Besonderheiten.

→ Abb. 6: Die Sinus-Meta-Milieus, S. III.

7. Der Milieu-Regio-Trend® (MRT)

Ein weiteres interessantes Instrument, auch für Kirche und Christen, ist der sogenannte Milieu-Regio-Trend®, der ebenfalls in Kooperation von microm® und Sinus® erarbeitet wird. Er legt bestimmte Raum-Typologien zugrunde und rechnet auf der Basis der verfügbaren Daten für die nächsten 15 Jahre hoch, wie sich die Milieuverteilung in Deutschland bzw. in bestimmten Regionen verändern wird. Ein alarmierendes Ergebnis ist jetzt schon klar. Die Milieus, in denen Kirchen, Freikirchen und neupietistische Gemeinschaften zu Hause sind, werden dramatisch abnehmen. So wird voraussichtlich das *traditionsorientierte* Stammmilieu der Kirchen von heute 15,7 % auf 6,3 % im Jahr 2025 schrumpfen – also auf weniger als die Hälfte. Umgekehrt wird sich etwa das Milieu der *Expeditiven* von heute gut 8 % auf über 15 % im Jahr 2025 fast verdoppeln. Die Konsequenzen liegen nahe: Wer sich auch in Zukunft auf den Rückhalt für Kirche und Gemeinden in den *traditionsorientierten, konservativen* und *bürgerlichen* Kreisen verlässt, setzt darauf, dass christlicher Glaube in Zukunft in Deutschland eine quantitativ marginale Größe wird. Wer die postmodernen Milieus links liegen lässt, zieht sich als Kirche aus den Bereichen unserer Gesellschaft zurück, die am stärksten expandieren und in denen „die Musik spielt".

→ Abb. 15+16: Der Milieu-Regio-Trend® für Baden und Württemberg, S. Xf.

8. Die Sinus-Kirchenstudien

Sinus® ist nicht nur Dienstleister für Politik, Wirtschaft und Kultur, sondern bereits mehrfach auch schon für die katholische Kirche aktiv gewesen. Diese hat schon länger erkannt, welche analytischen Hilfen und diagnostischen Chancen das Sinus-Milieumodell bietet, und bereits mehrere Studien in Auftrag gegeben. Es liegen vor:

1. *„Milieuhandbuch":* Religiöse und kirchliche Orientierungen in den Sinus-Milieus. Forschungsergebnisse von Sinus® Sociovision für die Publizistische Kommission der Deutschen Bischofskonferenz und die Koordinierungsstelle Medien. Eine qualitative Studie im Auftrag der Medien-Dienstleistung GmbH, München 2005.
2. *„U27":* Carsten Wippermann/Marc Calmbach: Wie ticken Jugendliche? Hrsg. vom Bund der deutschen katholischen Jugend & Misereor, Düsseldorf 2008.
3. *„Trendmonitor ‚Religiöse Kommunikation 2010'":* MDG-Trendmonitor „Religiöse Kommunikation". Ergebnisse zur Situation von Kirche

und Glaube sowie zur Nutzung medialer und personaler Informations- und Kommunikationsangebote der Kirche im Überblick. Ergebnisse repräsentativer Befragungen unter Katholiken, Berlin 2010.

4. *„Kirchenaustrittsstudie“:* Kirchenaustrittserwägungen unter deutschen Katholiken: Verbreitung und Ursachen. Eine explorative Re-Analyse des MDG-Trendmonitors Religiöse Kommunikation für die MDG, Berlin 2010.
5. *„Kirchenstudie Bistum Münster“:* Zielgruppenhandbuch für das Bistum Münster. Religiöse und kirchliche Orientierungen in den Sinus-Milieus Liberal-intellektuelle, Sozialökologische, Adaptiv-pragmatische und Hedonisten. Eine qualitative Studie für die Mediendienstleistungsgesellschaft MDG, Berlin 2011.
6. *„Milieustudie für die reformierte Schweiz“*, Zürich: „Lebensweltliche religiöse und kirchliche Orientierungen im Kanton Zürich“ (vgl. Milieustudie zh.ref.ch), Zürich 2011; erscheint als Buch: Lebenswelten. Modelle kirchlicher Zukunft, Bd. 1 (Sinus-Studie), Zürich 2012.

8.1 Die zentralen Ergebnisse

Die wichtigsten und herausstechenden Ergebnisse der von SINUS® im Auftrag der katholischen Kirche durchgeführten Studien lassen sich in acht Thesen zusammenfassen:

1. Unsere Gesellschaft ist fragmentiert in verschiedene Lebensweltsegmente mit für sie charakteristischen Lebensstilen, kognitiven Orientierungen und „objektiven“ Lagen im sozialen Raum. Wir treffen auf eine nicht mehr überschaubare Fülle von Milieus und Submilieus, Kulturen und Subkulturen. D.h., Menschen führen heute ihr Leben in sehr, sehr unterschiedlicher Weise. Und sie leben es in weitgehend voneinander separierten Lebenswelten.
2. Die Buntheit der Lebenswelten und ihre Fragmentierung macht auch vor der Kirche und ihren Mitgliedern nicht halt. Grundsätzlich gibt es in allen Milieus Kirchenmitglieder, interessanterweise in einer

nahezu repräsentativen Verteilung. Das heißt, es sind nicht 80 % der *traditionsorientierten* Menschen Kirchenmitglieder und nur 5 % der *Hedonisten*. Es gibt zwar milieuspezifische Haltungen zu Kirche, Glaube und Gott. Und es gibt eine Überrepräsentanz bestimmter Milieus in Gottesdienst und der Partizipation am kirchengemeindlichen Leben. Aber trotz jahrzehntelanger Kirchenaustrittsbewegungen auf beträchtlichem Niveau sind postmoderne oder *prekäre* oder Bildungsmilieus nicht einfach entkirchlicht. Das ist ein aufregender Befund. Menschen halten an ihrer Kirchenmitgliedschaft fest, obwohl die Kirche, die sie wahrnehmen, also das kirchengemeindliche Leben in der Parochie, ihrem Milieu fremd und distanziert gegenübersteht. Überspitzt ausgedrückt: Da halten sehr viele Menschen der Kirche die Treue, die die Kirche faktisch vielfach lange abgeschrieben oder soll man sagen: noch gar nicht recht wahrgenommen hat. D.h., es gibt milieuspezifische Zugänge zu Gott und Glaube, aber nicht unbedingt zur Kirche.

→ Abb. 14: Anteil der Katholiken im Milieu, S. IX, 17–19, S. XIIf.

3. Die verschiedenen Milieus überlappen sich auch in der Kirche nur geringfügig. Im Großen und Ganzen stellen sie verschiedene, füreinander fremde Welten dar, deren jeweilige Bewohner einander quasi als Aliens wahrnehmen. Man versteht einfach nicht, warum der andere so lebt und denkt, handelt und glaubt, wie es für sein Milieu charakteristisch ist. Carsten Wippermann beschreibt den Sachverhalt drastisch:

> „Jedes Milieu ist ein selbstreferenzielles System mit eigenen Codes und Programmen. Jedes Milieu ist zwar umweltoffen, aber semantisch eine eigenständige Welt. Es kann seine Umwelt nur aus seiner Perspektive mit seinen spezifischen Wahrnehmungskategorien erfassen und operiert in seiner eigenen „Logik“. Zwischen den Milieus besteht Inkommensurabilität in Bezug auf Werte,

> Bedeutungen, Stilistik, Sprache und Ästhetik. Durch die hohe Binnenkommunikation reproduziert und verstärkt jedes Milieu seine subkulturelle Logik und Semantik. Ein wirkliches wechselseitiges Verstehen zwischen Menschen aus verschiedenen Milieus ist nicht oder nur begrenzt möglich. Milieus bleiben in vielen Hinsichten einander fremd: Es besteht subkulturelle Differenz. Diese sozialwissenschaftliche Perspektive liefert ein Verständnis für die innere Logik eines Milieus. Daher ist es wichtig, die konstitutiven Kategorien der Selbst- und Weltwahrnehmung eines Milieus zu verstehen sowie deren funktionale Verknüpfung. Erfolgreiche Kommunikationsmaßnahmen berücksichtigen und nutzen diese innere logische Struktur eines Milieus."[13]

Diese Wahrnehmungen sind deshalb so wichtig, weil sich die Fragmentierung und Segmentierung der Gesellschaft auch in den Volkskirchen fortsetzt und die Beobachtungen dementsprechend auch für das Verhältnis der in der Kirche vorkommenden Mentalitäten und Milieus gelten.

4. Die verfasste Kirche erreicht ihre Mitglieder in den Milieus in einem sehr unterschiedlichen Maß. Den einen ermöglicht sie eine regelmäßige Teilhabe; für andere mit deren spezifischem Lebensstil ist sie kaum oder gar nicht anschlussfähig. Kirche ist in vielen Milieus kaum oder gar nicht verankert. Es leben zwar Kirchenmitglieder in allen Milieus, aber die etablierte, real existierende Kirche spielt für Menschen außerhalb einer traditionsorientierten, konservativen Mentalität kaum eine Rolle.
5. Stark ist Kirche vor allem in den traditionsorientierten Milieus, zum Teil noch in der Bürgerlichen Mitte. Wenig verankert ist sie in den

---

[13] Carsten Wippermann: Milieus in Bewegung. Werte, Sinn, Religion und Ästhetik in Deutschland. Das Gesellschaftsmodell der DELTA-Milieus als Grundlage für die soziale, politische, kirchliche und kommerzielle Arbeit, Würzburg 2011, 14f.

postmodernen und den Unterschichtmilieus.[14] Nennenswerter *Kontakt der Kirche zur Lebenswelt der Menschen besteht nur für Menschen in 2 1/2 von 10 Milieus.*

6. Die Segmentierung der Lebenswelt in unserer Gesellschaft setzt sich dementsprechend in der Kirche fort. Sie erscheint freilich vielfach nicht segmentiert, sondern einheitlich, weil in ihr eine bestimmte Kultur dominiert.
7. Kirche ist über weite Strecken in ihrer parochialen Verfasstheit Milieukirche. Der Anspruch und das Selbstverständnis sind zwar: Der sonntägliche Gottesdienst ist die kirchliche Hauptveranstaltung. Sie ist für alle da. Die Realität sieht aber krass anders aus. Die Sonntagsgottesdienste stellen vielfach eine Submilieuveranstaltung für *traditionsorientiert-konservative Milieus* dar.
8. Kirche muss weiterhin mit einem überdurchschnittlichen Schwund rechnen – gemessen an der ohnehin gegebenen demografischen Entwicklung. Die Milieus, in denen sie verankert ist, werden besonders stark abnehmen und sich – mindestens teilweise – nicht erneuern. [15]

8.2 Zur Frage der Übertragbarkeit der Ergebnisse

Auch wenn auf der einen Seite grundsätzlich der Vorbehalt gilt: „Die Übertragbarkeit auf die Situation in der evangelischen Kirche ist gewiss nicht ohne Weiteres gegeben“, können doch auf der anderen Seite – so Ingrid Eilers – sicherlich „eine Reihe von Befunden auf die Bevölkerung insgesamt bzw. auf evangelische Kirchenmitglieder übertragen werden“. Die wichtigste Erkenntnis ist wohl, „dass die christlichen Kirchen

---

[14] Dieser Effekt ist in allen Sinus-Kirchenstudien überdeutlich und auch aus der 4. Kirchenmitgliedschaftsuntersuchung der EKD ableitbar.

[15] Das belegt eindrucksvoll der Milieu-Regio-Trend® der Fa. microm® (Zukunftskompass Deutschland, 2010), vgl. Abb. 15+16.

nur noch in einem begrenzten Ausschnitt der ‚Milieulandkarte' lebensbestimmend sind. [...] Das kirchliche Leben ist nur noch für einen Bruchteil der gemeldeten Kirchenmitglieder von Bedeutung."[16] Man wird mindestens die Fragen stellen müssen,

- ob nicht auch das kirchliche Leben im protestantischen Raum durch Milieufokussierungen und Milieuverengungen gekennzeichnet ist;
- ob nicht auch der durchschnittliche protestantische parochiale Sonntagsgottesdienst v.a. das traditionsorientierte Milieu bedient, Angehörige anderer Milieus aber eher ausschließt, eben weil er sie nicht anspricht;
- ob nicht auch die Ergebnisse der 4. Kirchenmitgliedschaftsuntersuchung der EKD (KMU IV) von 2002 ff. in dieselbe Richtung zeigen wie die Sinus-Kirchenstudien von 2005 und 2010. Auch diese weisen ja darauf hin, dass Menschen mit unterschiedlichen Lebensstilen eine sehr unterschiedliche Nähe zur evangelischen Kirche haben und ihre Bereitschaft, aus der Kirche auszutreten dementsprechend ebenfalls unterschiedlich ausgeprägt ist.

9. Milieus und ihre unterschiedlichen Zugänge zur Kirche

Jedes Milieu, so haben unterschiedliche Kirchenstudien festgestellt, hat nicht nur seine eigene Tonalität, seine spezielle Lebensweltlogik, seine besonderen Affinitäten, seine Do's und Dont's. Es hat dementsprechend auch seine ganz speziellen Berührungspunkte, „Touchpoints", zur Kirche: Nicht der Konfirmandenunterricht, aber die Konfirmandenfreizeit ist das Highlight in der Konfirmandenzeit. Anspruchsvolle

---

[16] Ingrid Eilers: Kurse zum Glauben für verschiedene Sinus-Milieus, in: Erwachsen glauben. Missionarische Bildungsangebote. Grundlagen – Kontexte – Praxis, hrsg. von der Arbeitsgemeinschaft Missionarischer Dienste, Projektbüro „Erwachsen glauben", Gütersloh 2011, 81–122.

Vortragsveranstaltungen sind etwas für *Konservativ-Etablierte* und *Liberal-Intellektuelle*, spirituelle Angebote in mönchischen Retraiten sprechen nachgewiesenermaßen *(moderne) Performer* und *Expeditive* an.

Jedes Milieu hat dementsprechend spezielle Zugänge zur Kirche, etwa über unterschiedliche Partizipationsformen: *Konservativ-Etablierte* wollen das einbringen, was sie wissen; sie wollen nicht passiv konsumieren; der *Performer*, der als Manager unterwegs ist und dessen Lebensweltlogik heißt, aktiv zu gestalten, will das auch in der Kirche tun können; der junge Mann aus dem *konsum-materialistischen*, neuerdings als *prekär* titulierten Milieu sieht sich gerade nicht als Empfänger von milden kirchlichen Gaben. Seine Lebensweltlogik ist doch im Gegenteil: stark sein. Er freut sich, wenn er als Security auf kirchlichen Großveranstaltungen eingesetzt wird. Leitend bei all diesen Überlegungen ist die Erfahrung: Partizipation – schon das Dabeisein – führt zu Identifikation, zu weitergehendem Interesse, oder um es mit der Studie der anglikanischen Kirche *Finding Faith Today* zu sagen: belonging [kommt vor] believing[17].

Jeder hat seine ganz bestimmten Erwartungen an den/die Pfarrer/-in: Der *Traditionsorientierte* sieht und behandelt den Pfarrer als Respektsperson. Er soll Hirte sein und auch sagen, wo's lang geht. Der *postmateriell geprägte Intellektuelle* sucht das Gegenüber, mit dem er in einen kritischen Dialog treten kann. Der *Etablierte* will die Pfarrerin und den Pfarrer als Vertreter einer gesellschaftlichen Großinstitution, mit der man verhandeln kann. All diese Bilder und Erwartungen sind nicht theologisch normativ. D.h., es geht nicht darum, dass man sich einfach nach ihnen richtet, wohl aber darum, dass man sich auf sie einrichtet. Es kann sehr helfen zu wissen, mit welchen Erwartungen man rechnen muss. Nur dann kann man sich ja angemessen einstellen und Missverständnisse gegebenenfalls vermeiden. Nur so lassen sich ja auch effektiv Einstellungen verändern.

→ Abb. 17+18, S. XII: Erwartungen der Milieus an Priester und Pfarrgemeinden; Milieus und Haltungen zur Kirche.

---

[17] Vgl. JOHN FINNEY: FINDING FAITH TODAY: How Does it Happen?, London 1992.

10. Das Konzept MÜKKE

Die Milieuperspektive, ob von Sinus® oder nicht, bringt es alleine noch nicht. Das Konzept **MÜKKE** (**M**ilieu **ü**bergreifendes **k**irchliches Handeln, basiert auf **k**irchendemografischen **E**rhebungen) setzt darum von vornherein auf zusätzliche und ergänzende Zugänge. Die Milieuperspektive für sich genommen sagt viel zu wenig aus. Wir sehen viele interessante Bilder, deren Wirkung aber schnell verpufft.

MÜKKE bettet darum die Milieuperspektive ein in einen dreidimensionalen Zugang zu der gesellschaftlichen Wirklichkeit, deren Teil Kirche und Kirchengemeinden sind:

- Grundlegend sind die demografischen Daten einer Region zu Altersverteilung, Beschäftigungsverhältnissen, religiös-konfessioneller Struktur, Aufteilung in Lebens-, Arbeits- und Schlafwelt, soziale Brennpunkte, Bildungsabschlüsse und materielle Verhältnisse.
- Ergänzend treten die Milieuperspektiven hinzu, die eben nicht nur die objektive soziale Lage abbilden, sondern auch die Ästhetisierung der Lebenswelt wenigstens ansatzweise markieren. Wo leben bei uns vor Ort, im Distrikt, im Bezirk, welche Menschen in welchen Lebenswelten?
- Ganz wichtig ist schließlich der dritte Faktor, die Daten des kirchlichen Lebens: Taufen und Beerdigungen, Aufnahmen und Austritte, Orte kirchlichen Lebens.

Alles zusammen ergibt ein dreidimensionales Bild, in dem Ergebnisse der Lebensweltforschung erst richtig zur Geltung kommen und in dem sie eine, aber nicht die entscheidende Rolle spielen.

Entscheidend ist die Sensibilisierung für die Unterschiedlichkeit von Menschen, für die Diversität und Pluralität der Lebensweisen. Entscheidend ist aber auch der Blick auf kirchliches Leben als ein Milieu eigener Art, die Wahrnehmung der unsichtbaren Barrieren, die kirchengemeindliches Leben von den fragmentierten Lebenswelten unserer Gesellschaft trennen.

IV. Wie sieht das neueste Milieumodell aus?

Welche Entwicklungen spiegeln sich in ihm wider und was bedeuten diese für die Kirche?

Im August 2010 hat das Sinus®-Forschungsinstitut Heidelberg/Berlin ein neues Milieumodell vorgestellt. Verändert wurde nicht die Architektur des Ansatzes. Grundlage ist wieder das Positionierungsschema mit seiner Kombination aus „sozialer Lage" und „subjektiver Grundorientierung" (vgl. S. 35). Wie bisher ergibt sich daraus die Möglichkeit, die gesellschaftliche Wirklichkeit in einer zweidimensionalen Weise abzubilden und die Milieus (als *Gruppen Gleich Gesinnter*) auf dieser Kartierung der Lebenswelt zu positionieren. Es ist dies nicht die erste und aller Voraussicht nach nicht die letzte Veränderung des Milieumodells. Das davor gültige Modell hatte das Institut im Jahr 2001 überarbeitet und dabei die Milieus der alten mit denen der neuen Bundesländer verschmolzen. Bis 2001 unterschied Sinus® 9 Milieus in den neuen und zehn in den alten Bundesländern. Die hohe Zahl der Milieus erwies sich als unpraktisch und unübersichtlich. In den Jahren seit 2001 hat Sinus® zwar immer wieder Neuberechnungen der nun vereinten Milieus vorgelegt, das Milieuschema aber unverändert gelassen. Das Milieumodell 2010 berechnet nicht die Größe alter „Milieu-Kartoffeln" neu, sondern legt neben eine Reihe alter auch einige „neue Kartoffeln". Es ist klar, dass sich dadurch das Gesamtbild verändert und auch die Rolle, die die weiter bestehenden „Kartoffeln" in der Gesamtkonstellation einnehmen. Verändert wurde nicht die Architektur und Struktur des Milieumodells als solche, verändert wurde aber ein Teil der Milieuprofile, ebenfalls die Verortung in dieser Kartierung unserer segmentierten Lebenswelt. Basis der Umstellung sind über 300.000 quantitative Erhebungen in den letzten drei Jahren und ca. 3.000 qualitative Interviews.

→ Abb. 7: Milieulandschaft der 80er-Jahre, S. IV.

Wer sich die Veränderungen in der Summe und im Detail vergegenwärtigt, wird nicht nur, wie in den vergangenen Jahren, von bloßen Modifikationen, sondern von einem neuen Milieumodell reden. Dementsprechend sind Vergleiche zwischen altem und neuem Milieumodell nur bedingt möglich, da sich die Identität eines Milieus eben durch seine Position gegenüber anderen ergibt. Ganz schwierig sind Versuche, Klassifikationen etwa hinsichtlich Kirchenbild etc. von alten auf neue, gar neu gebildete Milieus zu übertragen. Hier sind wir weitgehend auf neue Untersuchungen im Bereich der katholischen und evangelischen Kirche angewiesen.

1. Die Veränderungen im Modell

Auf den ersten Blick scheinen die Unterschiede zwischen den Modellen von 2001 und 2010 noch nicht so groß zu sein.

Abb. 8: Die Sinus-Milieus 2001, S. V und Abb. 9, Die Sinus-Milieus 2010 S. VI.

Viele Bezeichnungen kommen uns bekannt vor. *Traditionelles Milieu* und *Bürgerliche Mitte*, auch das *Hedonistische Milieu* gibt es ja nach wie vor. Schaut man aber genauer hin, merkt man, wie gravierend die Veränderungen und Verschiebungen sind. Die Unterschiede sind alles andere als marginal. Durch einen Vergleich des alten und neuen Milieuschemas bekommt man einen Eindruck von den gesellschaftlichen Wandlungen und mentalen Differenzierungen, die sich in dem neuen Modell spiegeln und die es sachlich erzwungen haben. Folgendes ist bemerkenswert:

1. Die Zahl der Milieus bleibt – auf den ersten Blick jedenfalls – gleich. Es werden wieder 10 Milieus ausgewiesen. Hier liegt eine methodische Vorentscheidung vor, die sowohl motiviert ist durch den Wunsch, Vergleichbarkeit mit vorangegangenen Grafiken zu gewährleisten, als auch durch das Anliegen, die Darstellungen übersichtlich zu halten. Gefragt wird: Was sind die 10 statistisch signifikantesten Merkmalshäufungen, die sich feststellen und gruppieren lassen? Auch für dieses neue Milieu-Schema gilt: Es „gibt" nicht einfach „10 Milieus", sondern es werden nach einer entsprechenden methodischen Vorentscheidung 10 Milieus ausgewiesen. Es „gibt" sehr viel mehr Milieus und Submilieus. Wollte man genau sein, müsste man im Prinzip jede einzelne Lebenswelt ausweisen. Eine solche Darstellung wäre aber total unübersichtlich, und sie würde eben auch übersehen lassen, was eine Grundaussage der Milieuforschung über unsere gegenwärtige gesellschaftliche Verfasstheit ist: Menschen leben in unserer Gesellschaft nicht einfach als Individuen. Sie zeigen die sehr ausgeprägte und abbildbare Neigung, zusammenzuglucken und durch Gruppenbildungen spezifische Lebenswelten zu erzeugen.
2. Sinus® verzichtet 2010 auf die farblich gestaltete Ausweisung von Leitmilieus, Mainstream-Milieus, traditionsorientierten Milieus und spezifisch postmodernen Lebenswelten. Der Verzicht auf diese Farbgebung signalisiert, dass solche Kennzeichnungen nicht mehr sinnvoll sind. Sie entsprechen nicht dem Selbstverständnis der Milieu-Bewohner. Es gibt keine Leitmilieus mehr, die für die anderen normativ wären. (Eine Ausnahme stellt das *Prekäre Milieu* dar; im Milieumodell von 2001 wurde es noch als Milieu der *Konsum-Materialisten* bezeichnet. Die Menschen in B3 sind aufstiegsorientiert. Sie wollen zur *Bürgerlichen Mitte* gehören.) Und es macht wenig Sinn, weiterhin von Mainstream-Milieus zu sprechen, wenn diese nicht mehr den Mainstream repräsentieren. Damit ist aber ein entscheidendes und buchstäblich maßgebendes Merkmal früherer Gesellschaft nach Sinus® gefallen: Es gibt keine Oberschicht(milieus)

mehr, die – wenn auch in unterschiedlicher Weise – für den Rest der gesellschaftlichen Welt normativ wäre und Leitbilder bereitstellt. Hier bildet SINUS® nicht nur eine tief greifende soziale, sondern ebenso tief reichende mentale Fragmentierung unserer Gesellschaft ab.

3. Streng genommen haben wir es freilich nicht mit 10, sondern mit 13 Milieus zu tun. SINUS® nimmt bei drei Milieus eine Subdifferenzierung vor: beim *Traditionellen Milieu*, beim *Hedonistischen Milieu* und in der *Bürgerlichen Mitte. Traditionsorientiertes* und *Bürgerliches Milieu* werden in zwei Sub-Milieus aufgeteilt, die sich sowohl mental als auch hinsichtlich der sozialen Lage so sehr unterscheiden, dass diese Subdifferenzierung notwendig wird.

→ Abb. 12: Die Subdifferenzierung in den Sinus-Milieus, S. VIII.

4. Unterschieden wird im *Traditionellen Milieu* ein „traditionsverwurzelter" (8 %) und ein „traditionsbewusster" (7 %) Flügel. Die *Traditionsverwurzelten* stellen „das resignierte, von der gesellschaftlichen Modernisierung überforderte Segment" dar, „das an überkommenen Konventionen, Sozialformen und Moralvorstellungen festhält". Es ist gekennzeichnet durch „Sehnsucht nach der bescheidenen heilen Welt von ehedem". Für die *Traditionsbewussten* finden wir die Kennzeichnung als „teilmodernisierte[s] Segment, das sich an traditionellen Werten orientiert"; *die Traditionsbewussten* zeigen eine „grundsätzliche Akzeptanz pluralisierter Lebensformen in der modernen Gesellschaft" und „Distanz zum vormodernen Sparsamkeitsethos". Die *Traditionsverwurzelten* sind also deutlich konservativer, traditionsfixierter und verschlossener gegenüber den modernen Lebensformen als die moderner eingestellten *Traditionsbewussten.*

SUBDIFFERENZIERUNG IM TRADITIONELLEN MILIEU
Traditionsverwurzelte 8 % Das resignierte, von der gesellschaftlichen Modernisierung überforderte Segment, das an überkommenen Konventionen, Sozialformen und Moralvorstellungen festhält; Sehnsucht nach der bescheidenen heilen Welt von ehedem.
Traditionsbewusste 7 % Das teilmodernisierte Segment, das sich an traditionellen Werten orientiert: Grundsätzliche Akzeptanz pluralisierter Lebensformen in der modernen Gesellschaft, Distanz zum vormodernen Sparsamkeitsethos.

5. Für die *Bürgerliche Mitte* wird zwischen Statusorientierten (6 %) und Harmonieorientierten (8 %) unterschieden. „Das Status-quo-bewusste Segment der modernen Mitte" pflegt einen „gehoben-konventionelle[n] Lebensstil" und zeigt „Stolz auf den erreichten Lebensstandard". Die Harmonieorientierten dagegen sehen sich als „von der gesellschaftlichen Modernisierung" bedrohte Gruppe. Sie empfinden sich einerseits als „Mitte der Gesellschaft", zeigen andererseits „massive Abstiegsängste und" – so Sinus® – „Aufstiegsernüchterung". Die „Harmonieorientierten" bilden den „Hängebauch", der die *Bürgerliche Mitte* im neuen Milieuschema verglichen mit dem von 2001 auszeichnet. Hier leben Menschen, die sich noch als zur *Bürgerlichen Mitte* zugehörig fühlen, von ihrer sozialen Lage, also von ihren materiellen Möglichkeiten her, aber bereits zur Unterschicht zu zählen sind. Ihre Lebenswelt ist ganz wesentlich durch diese Spannung zwischen Bewusstsein und Lage gekennzeichnet. So wie die *Prekären* durch Aufstiegswünsche in die Mitte bestimmt sind, zu der sie dazugehören wollen, kennzeichnet die *Harmonieorientierten* die Angst davor, sozial abzusteigen und nicht mehr dazuzugehören. Sinus® gelingt es hier, die sozialen Veränderungen im Bereich dessen, was früher einmal die Mitte unserer Gesellschaft war, abzubilden.

SUBDIFFERENZIERUNGEN IN DER BÜRGERLICHEN MITTE
Statusorientierte 6 % Das Status-quo-bewusste Segment der modernen Mitte: Gehoben-konventioneller Lebensstil und Stolz auf den erreichten Lebensstandard.
Harmonieorientierte 8 % Das von der gesellschaftlichen Modernisierung bedrohte Segment: Selbstbild als Mitte der Gesellschaft versus massive Abstiegsängste und Aufstiegsernüchterung.

6. Für die *Hedonisten* (15 %), zusammen mit den *Traditionsorientierten* das quantitativ größte Milieu, wird eine *konsum-hedonistische* und eine *experimentalistische* Ausprägung unterschieden. Die Gruppe der 8 % *Konsum-Hedonistischen* ist das „auf Fun und Entertainment gepolte Segment". Das Milieu ist geprägt durch „wachsende soziale Ängste": Es zeigt wenig Bereitschaft zu „Planung und Kontrolle" des eigenen Lebens, ist geprägt durch „Bildungs- und Leistungsfatalismus" und durch eine „Identifikation mit dem jeweils aktuellen Lifestyle". Während diese Prägung also deutlich erkennbar ist als Unterschicht-(Teil-)Milieu, das eine Nähe zu den *konsum-materialistischen* Einstellungen der *Prekären* zeigt, sind die 7 % *Experimentalisten* in der Nähe der Mittelschicht gruppiert. Es handelt sich um „das individualistische Segment mit ausgeprägter Lebens- und Experimentierfreude". Seine Bewohner zeigen „Vorliebe für Unkonventionelles, Distanz zum popkulturellen Mainstream, Leben in Szenen und Netzwerken". Das klassische *hedonistische* Milieu teilt sich damit in zwei Segmente: ein Unterschicht-Milieu mit geringem kulturellen Anspruch (gemessen an konservativ-hochkulturellen Standards, wie sie hier in die Klassifizierung eingehen), mindestens teilweise prekären materiellen- und Bildungsverhältnissen, aktualistisch und eventorientiert; hier lebt man in Opposition gegen das, was als bürgerlich und Mainstream empfunden wird. Daneben steht ein selbstbewuss-

tes, durch eigene ästhetische Interessen und Kreativität bestimmtes Milieu, das nicht nur anders sein will, sondern auch weiß, wie und warum es das ist. Die Wanderungsbewegungen zeigen, dass die Menschen, die im Modell von 2001 ins *Hedonistische Milieu (BC3)* gruppiert wurden, sich nun zu einem erheblichen Teil in diesem Submilieu der *Konsum-Hedonisten* finden. Die im Milieu-Schema von 2001 als *Experimentalisten* gruppierten Personen leben im Milieumodell von 2010 im gleichnamigen Submilieu fort.

SUBDIFFERENZIERUNGEN IM HEDONISTISCHEN MILIEU
Konsum-Hedonisten 8 % Das auf Fun & Entertainment gepolte Segment mit wachsenden sozialen Ängsten: wenig Planung und Kontrolle, Bildungs- und Leistungsfatalismus, Identifikation mit dem jeweils aktuellen Lifestyle.
Experimentalisten 7 % Das individualistische Segment, mit ausgeprägter Lebens- und Experimentierfreude: Vorliebe für Unkonventionelles, Distanz zum popkulturellen Mainstream, Leben in Szenen und Netzwerken.

7. Die Subdifferenzierungen im *Hedonistischen*, *Traditionsorientierten* und traditionellen *Bürgerlichen* Milieu vollziehen Unterscheidungen sowohl auf der Mentalitätsebene, nehmen aber auch Ausdifferenzierungen auf der Achse der sozialen Lage vor. Wichtig ist, dass sich die Lebenswelten und -weisen, die sozialen Lagen und mentalen Befindlichkeiten in diesen drei Milieus so weit unterscheiden, dass bei allen nötigen und möglichen Distinktionen zu anderen Lebenswelten diese Subdifferenzierungen nötig wurden. De facto haben wir es – wie beschrieben – nicht *mehr mit 10, sondern mit 13 Milieus zu tun.*
8. Das leitet über zu materialen Analysen in der Veränderung des Milieu-Schemas. Die klassische *Bürgerliche Mitte* hat in den letzten Jahrzehnten fortwährend abgenommen. Die Mitte ist aber deshalb nicht einfach kleiner geworden. Sie hat sich verändert. Neben der

traditionellen *Bürgerlichen Mitte* B2/B23 nimmt Sinus® eine junge Mitte (C2) wahr, die *pragmatisch-adaptiv* und deutlich „postmoderner" eingestellt ist als der traditionelle bürgerliche Mainstream. Diese neue „mobile, zielstrebige, junge Mitte der Gesellschaft mit ausgeprägtem Lebenspragmatismus und Nutzenkalkül" bewohnen immerhin 9 % der Bevölkerung. „Ich bringe mein Kind gerne zur Taufe, wenn die Kirche so einen Service anbietet. Wie lange muss ich dafür Mitglied sein? Wann darf ich wieder austreten?" – Diese Neue Mitte ist „erfolgsorientiert und kompromissbereit, hedonistisch und [!] konventionell", mit einem starken Bedürfnis nach „flexicurity", also einer Kombination von Flexibilität und Sicherheit. Hier zeigt sich bereits eine bemerkenswerte Veränderung im Bereich der C-Säule: Man kann postmodern sein und zur Mitte gehören, Kinder haben, ein Familienleben führen und unabhängig von den weltanschaulich-normativen Prägungen der *Bürgerlichen Mitte* sein Leben pragmatisch orientieren. Das Leben gestaltet sich hier nicht unchristlich, nicht gegen das Christentum gerichtet, sondern achristlich, also nicht oder nur in Spuren geprägt von christlichen Traditionen, Überzeugungen oder gar Werthaltungen. Man ist nicht gegen die Kirche, ist ihr aber auch nicht mehr verpflichtet. Man wird ihre Angebote gerne wahrnehmen, wenn's passt.

9. Als ein drittes „Milieu der Mitte" erscheint das *Sozialökologische Milieu* (B12). Hier finden wir ein idealistisches, konsumkritisches und -bewusstes Denken mit „ausgeprägtem ökologischen und sozialen Gewissen". Wir treffen auf „Globalisierungs-Skeptiker, Bannerträger von Political Correctness und Diversity". Noch einmal gilt, was für eine Kirche, die sich um Familien bemüht und Beziehungen für ihre Stärke hält, besonders wichtig ist: Man kann auf Demonstrationen mitmachen und dabei sein Kind auf dem Arm haben; ja, gerade weil einem der (eigene) Nachwuchs, die Zukunft der Welt am Herzen liegt, setzt man sich für das richtige Denken und Handeln ein und achtet schon darauf, wie Menschen redend die Welt einteilen. Ganz neu ist dieses Milieu streng genommen nicht. Es verdankt

sich ebenfalls einem Ausdifferenzierungsprozess im postmateriellen Bereich. Das *Milieu der Postmateriellen* (2001: B12) erfährt eine Differenzierung in das der *Sozialökologischen* einerseits und der *Liberalintellektuellen* andererseits, nur dass die beiden Flügel des postmateriellen Milieus sich so weit auseinanderentwickeln, dass eine Subdifferenzierung in einem Milieu nicht mehr reicht. Postmaterielle können 2010 energisch sozialökologische Zielsetzungen verfolgen, mit Attac gegen Globalisierung und für eine bessere Welt kämpfen (B12), aber eben auch mit einer liberal-toleranten Grundhaltung eine globale Perspektive haben und grünes Gedankengut als ideologisch eng geführt ablehnen (s.u. zu B1) oder ökologische Gesichtspunkte in ihrem Leben als *Performer* (C1) umsetzen. Mit anderen Worten: „Grün" ist nicht mehr eng begrenztes Merkmal einer spezifischen Lebenswelt, sondern ein universalisierter Wert, der in verschiedenen anderen Milieus zur Einrichtung der Lebenswelt gehört.

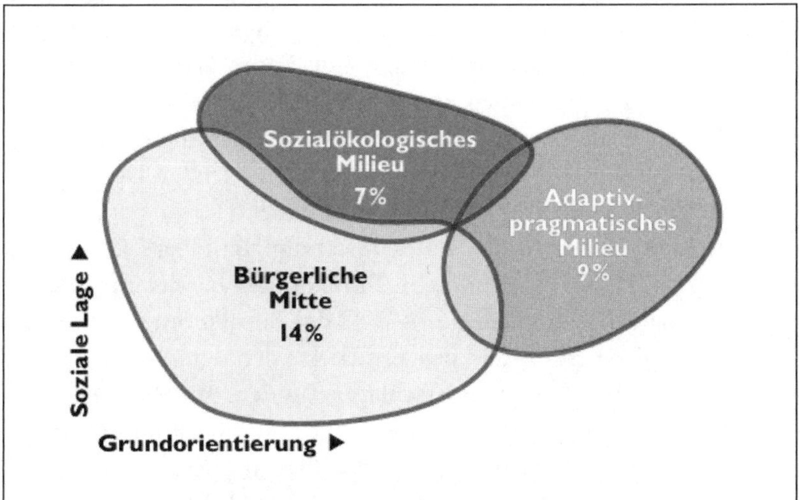

Die drei Milieus der Mitte

10. Auch im neuen Milieumodell finden wir eine sehr weite mentale Spreizung von Oberschicht-Milieus vor. Dass jemand über ein gehobenes Einkommen verfügt, akademisch gebildet ist, sagt über seinen Lebensstil und die Lebenswelt, in der er lebt, noch gar nichts (vgl. das Phänomen der sogenannten soziodemografischen Zwillinge, S. 34).
11. Das *Liberal-intellektuelle Milieu* (B1) ist in der B-Säule über dem *Sozialökologischen Milieu* angesiedelt. Es ist das zweite der Milieus, die einen postmateriellen Ursprung haben. Hier finden wir – jetzt – „die aufgeklärte Bildungselite mit liberaler Grundhaltung und postmateriellen Wurzeln", dem „Wunsch nach selbstbestimmtem Leben", verbunden mit „vielfältigen intellektuellen Interessen". *Sozialökologisches* und *Liberal-intellektuelles* Milieu haben im Milieumodell von 2001 noch eine Einheit als postmaterielles Milieu gebildet. Eine Differenzierung wurde nötig, weil sich in dem klassischen „grünen" Wählerreservoir der *Postmateriellen* eine starke Ausdifferenzierung der Werte und Haltungen ergeben hat, die es nicht mehr erlaubt, von einem Milieu zu sprechen. Wir sahen: Grüne Werthaltungen sind inzwischen milieuübergreifend zu Hause. Es ist kein sozialökologisches Alleinstellungsmerkmal, sich mit Bioprodukten zu ernähren oder Energiesparlampen einzuschrauben. Umgekehrt steht sehr wohl eine liberale, weltoffene Grundhaltung einer Abgrenzungsmentalität mit einem Bewusstsein für das allein richtige Denken und Handeln gegenüber, wie es B12 kennzeichnet.
12. Das *Konservative Milieu* als eigenständig abbildbare Lebenswelt (2001: A12) gibt es nicht mehr. Ihm konnten bereits im vorangegangenen Milieumodell nur 4–5 % der Bevölkerung zugeordnet werden. Die von Sinus® prognostizierte demografische Entwicklung hat hier ihren Niederschlag gefunden. Im Rahmen eines 10-Milieumodells sind die *Konservativen* nur noch im Zusammenhang mit dem *Etablierten Milieu* abbildbar. Die veränderte Positionierung des *Konservativ-etablierten Milieus (AB 12)* zeigt eine deutlich modernere Ausrichtung dieses Milieus (in der Grafik rücken sie

nach rechts). Vertreter des klassisch-konservativen Bildungsbürgertums gibt es immer weniger.

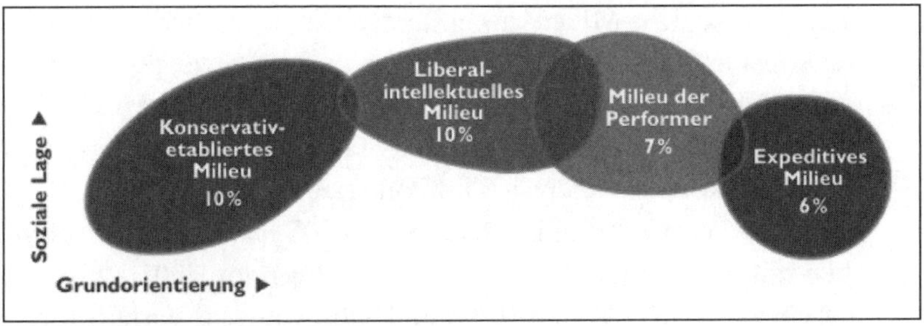

Die vier Oberschicht-Milieus

13. Während die *Experimentalisten* in das *Hedonistische Milieu* eingeflossen sind, hat sich ein neues, radikal postmodernes, das *Expeditive Milieu* (C 12) ausgebildet. Hier finden wir „die stark individualistisch geprägte digitale Avantgarde", die auch die Neuen Medien und Techniken zu einem elementaren Bestandteil ihres Lebenswandels macht. Sie ist „unkonventionell, kreativ, mental und geografisch mobil und immer auf der Suche" – nach Veränderung und nach neuen Grenzen, die überwunden und hinausgeschoben werden können. Leisten kann sich das freilich nur, wer über die nötigen materiellen Ressourcen verfügt. Wir haben es mit einem Milieu der Oberschicht und gehobenen Mittelschicht zu tun.
14. Im Bereich der Unterschicht gibt es ebenfalls eine bemerkenswerte Entwicklung, die sich folgerichtig auch terminologisch niederschlägt. Im materiellen Sinne arme Menschen leben auch *im Traditionellen* und im *Hedonistischen Milieu.* Aber wenn man zum *Prekären Milieu* gehört, dann kann man nur „arm" sein. Menschen, die zu diesem Milieu gehören, haben keine oder kaum Aufstiegshoffnungen. Sie leben in einer Welt ohne Perspektive. Im Milieumodell von 2001 gab es zwei Milieus mit prekären Bildungs- und Vermögensverhältnissen. Im neuen Milieu-Schema gibt es nur noch ein

Prekäres, nun auch exklusiv als solches bezeichnetes Milieu. Das *Prekäre Milieu* (B3) tritt an die Stelle der 2001 noch als *konsum-materialistisch* qualifizierten Lebenswelt. Seinerzeit standen sich zwei Unterschicht-Milieus gegenüber: ein mehr modern eingestelltes, konsum- und aufstiegsorientiertes und ein mehr postmodern und gegengesellschaftlich eingestelltes, *Hedonistisches Milieu*. Die Botschaft des neuen Milieumodells lautet: Die wirklich armen Menschen konzentrieren sich im Prekariat der B-Säule.

15. Ein letztes Wort zum Milieu der *Performer* (C 1): Es nimmt – verglichen mit dem Milieu der *Modernen Performer* von 2001 – prozentual ein wenig ab (7 % statt 10 %) und bildet eine sehr starke Schnittmenge mit dem Milieu der *Liberal-intellektuellen*. Das führt methodisch dazu, dass nicht mehr von *Modernen Performern* (gemeint sind: postmoderne *Performer*), sondern weniger spezifisch nur noch von *Performern* die Rede ist. Damit verliert die Lebenswelt dieser Avantgarde an Profil, indem sie ein Stück weit in die Mitte rückt. Wer programmatisch postmodern eingestellt ist und über die entsprechenden Bildungs- und materiellen Ressourcen verfügt, gehört zum Milieu der *Expeditiven*. Für manche Anwender sind die Submilieus unnötig komplex. Wir haben die Subdifferenzierungen hier so breit dargestellt, um anschaulich zu machen, dass und wie der Prozess der Ausdifferenzierung in unserer Gesellschaft noch anhält.

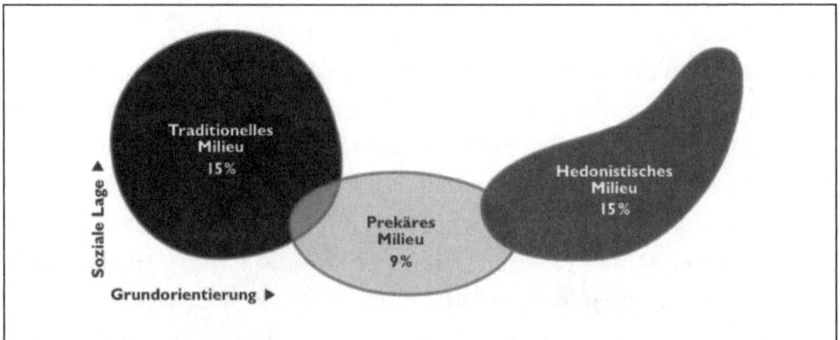

Die drei Unterschicht-Milieus

2. Gesellschaftliche Veränderungen

Welche Veränderungen spiegeln sich in dem veränderten Milieumodell wider? Es lassen sich milieutheoretisch folgende Tendenzen ausmachen:

1. In der Oberschicht gibt es eine deutliche Tendenz zur Homogenisierung. D.h., interessanterweise rücken die Mentalitäten im oberen Segment näher zusammen. In der SINUS®-Terminologie: Aus den (post-)*modernen Performern* werden *Performer*, die eben auch stark in der B-Säule zu finden sind. *Konservative* im linken Bereich der A-Säule werden nicht mehr abgebildet.
2. Dieser Homogenisierungstendenz, die man nicht überschätzen darf, stehen sehr starke Ausdifferenzierungen in mentaler und sozialer Hinsicht gegenüber. Deutlicher und etwas plakativ formuliert: Es gibt Gewinner und Verlierer der wirtschaftlichen und sozialen Entwicklung in der letzten Dekade. Das macht die Subdifferenzierungen im Bereich von drei Milieus nötig: Bei den *Traditionsorientierten,* den *Hedonisten* und im Milieu der *Bürgerlichen Mitte* gibt es einerseits Menschen, die Anschluss finden an Modernisierungsprozesse, erweiterte Kommunikationsmöglichkeiten, bessere Entfaltungsspielräume durch höhere Bildungsqualifikationen; und es gibt auf der anderen Seite die Menschen, die sich in wachsendem Maße überfordert fühlen durch den technologischen Wandel (Internet!), durch den Wandel in den Formen kultureller Kommunikation, durch die Vielfalt der Lebensmöglichkeiten und durch die Entstandardisierung von früher fest vorgezeichneten Lebensläufen. Was gilt denn noch? Was bleibt? Während die einen bestimmt sind durch (vorsichtige) Versuche, Anschluss zu halten, und die Zuversicht, vom Wandel zu profitieren, sind die anderen bestimmt durch Suche nach Orientierung, Entlastung, Halt, Vergewisserung. Die Bereitschaft zu Regression wächst, d.h. zum Rückzug in das Altvertraute, auch wenn es den Anschluss an die Entwicklungen der Gesellschaft kostet. Soziale Isolation nicht nur von Gruppen, sondern auch von Einzelnen kann die Folge sein. Die einen Menschen verwirklichen

sich selbst immer mehr, die anderen ziehen sich immer weiter zurück.

3. Den neuen, digitalen Medien kommt eine Schlüsselrolle zu (digital divide). Wer sie beherrscht, wer mit ihnen umgehen kann, hält Anschluss und schafft neue Gestaltungsräume. Es entsteht eine neue Elite, die charakterisiert ist durch: hohe IT- und Multimedia-Kompetenz, ein globalisiertes, vernetztes Bewusstsein, flexible Lebensgestaltung, Leistungsbereitschaft, eine entformatisierte, pragmatisch orientierte Lebensgestaltung.

→ Abb. 11: Erkennbare Bewegungen in der Milieulandschaft, S. VIII.

4. Dem gegenüber stehen wachsende Deklassierungsprozesse, beispielhaft das Abrutschen vieler in der *Bürgerlichen Mitte* in die Unterschicht, aber auch eine Dauerprekarisierung von Teilen der Unterschicht. Die klassische Mittelschicht erodiert und gerät unter Differenzierungsdruck.

Das sind natürlich alles nur sehr abgekürzte Skizzen von sehr komplexen Entwicklungen. Trends sind aber deutlich, und sie verlangen gerade auch in der Kirche unsere Aufmerksamkeit. Ich deute einige wenige Konsequenzen nur an:

3. Konsequenzen für Kirche und Gemeinde

Was bedeuten diese differenzierten Befunde für unser Bild von Gesellschaft, also für den Kontext, in dem eine Volkskirche lebt und den sie in sich abbildet?

3.1 Der Prozess gesellschaftlicher Ausdifferenzierung hält noch an

Er ist so stark und weitreichend, dass das SINUS®-Forschungsinstitut Mühe hat, beim 10er-Schema zu bleiben und sich auf 10 statistisch signifikante Einstellungshäufungen zu beschränken. De facto werden aufgrund der drei Subdifferenzierungen 13 Lebenswelten unterschieden. Abgesehen von einer Homogenisierung, ein gewisses „Zusammenrücken", im gehobenen Segment finden wir ein noch weiteres Auseinandertreten der Lebenseinstellungen und Lebensweisen. Modernisierung, Digitalisierung, Entgrenzung und Individualisierung stehen gegenüber Überforderung, Suche nach Halt (Regrounding), Segregation[18] und teilweise Regression[19]. Kirche ist in diesem Zusammenhang nicht nur gefragt:

- Wie erreichen wir die *Performer* und *Expeditiven*? Wie halten wir Anschluss an die postmodernen Lebenswelten?, sondern auch:
- Was tun wir für jene, die Halt suchen, die den Boden unter den Füßen verlieren, materiell aber auch mental? Was für Formen der Beheimatung bieten wir Prämodernen? Schließlich:
- Was hält unsere Gesellschaft zusammen? Kann Kirche hier einen Beitrag vom Evangelium her leisten?

---

18 Regrounding meint vor allem das Phänomen des Rückzugs in das eigene Milieu und die eigene mentale Welt.

19 Regression meint vor allem das Phänomen anomischer Entwicklungen: Gewissheiten und Bewältigungsstrategien gehen verloren, mit dem Resultat des Rückzugs aus sozialer Kommunikation und immer weitergehender Abschottung.

3.2 Der Prozess der Postmodernisierung unserer Gesellschaft hält an

37 % der Menschen gehören Milieus an, die durch postmoderne Einstellungen geprägt oder mindestens mitbestimmt sind. Alle Vorbehalte gegenüber einem pauschalen Reden von Postmoderne oder gar „der Postmoderne" zugestanden: Unsere Gesellschaft wächst mehr und mehr in dem mentalen Segment, das uns traditionell und aktuell am fernsten steht. Wir stehen mit der Kontextualisierung des Evangeliums in postmoderne Lebenswelten hinein vor einer missionstheologischen Herausforderung erster Ordnung. Die Kirchenstudien zeigen: Obwohl es auch in den postmodernen Milieus Kirchenmitglieder in nahezu repräsentativer Verteilung gibt (bei ca. 30 %), nehmen diese am gegebenen, freilich auch milieubedingten Leben der Kirchengemeinde vor Ort so gut wie nicht teil. Menschen sind – nicht ohne Grund und mit einem erheblichen finanziellen Aufwand – Mitglieder der Kirche, leben aber in Lebenswelten, die die Kirche nicht erreicht. Diese sind nicht einfach unchristlich, gegenchristlich, sondern *a*christlich. Wann ziehen wir daraus die Konsequenzen und versuchen, dem Evangelium auch in diesen Lebenswelten eine ihnen entsprechende Gestalt zu geben?

3.3 Der Prozentsatz eher traditionsorientierter Menschen nimmt weiter ab

Die klassische Klientel der Kirche, die traditionell Konservativen, werden zu einer quantitativ marginalen Grösse.

Hier haben wir als Kirche aber unsere klassische Klientel. Das *traditionell-konservative* Element tritt – wie vorhergesagt – noch weiter zurück und wird zu einer quantitativ marginalen Größe. Für Kirche bedeutet das: Nicht Kirche, wohl aber Volkskirche stirbt, auch im Westen und Südwesten. Das zeigt der Regio-Trend auch für Baden und Württemberg aufs Deutlichste: Die Prognose der Firma microm® sagt aus, dass etwa das *Traditionsverwurzelte Milieu* bis zum Jahr 2025 von knapp 16 % auf gut 6 % schrumpfen wird. Das sind absolut etwa 10 % Verlust, relativ ist das ein Absturz um 60 %. Umgekehrt steigt etwa das „postmoderne" Milieu der *Expeditiven* von 7,8 % (im Jahr 2010) auf prognostiziert 13 % an. Das ist – im Bereich der Württembergischen Landeskirche, nicht etwa in Berlin-Kreuzberg – ein Zuwachs um absolut 5 %, relativ um 66 %.

3.4 Im Bereich der Mitte haben wir eine doppelte gravierende Veränderung

Die *Bürgerliche Mitte*, ebenfalls Teil unserer traditionellen Klientel, verändert ihre soziale Lage und gehört zu einem erheblichen Teil in den Bereich der oberen Unterschicht. Neben der *Bürgerlichen Mitte* bilden sich mit dem *Sozialökologischen* und dem *Adaptiv-pragmatischen* zwei weitere Milieus heraus, die die Mitte unserer Gesellschaft darstellen: Die Gesellschaft hat nach wie vor eine starke Mitte. Diese besteht aber nicht allein, vielmehr immer weniger aus der Bürgerlichen Mitte. Die Mitte der Gesellschaft differenziert sich soziokulturell aus. Kirche muss fragen, inwieweit ihr Bild von Mitte noch den gesellschaftlichen Realitäten entspricht und wie sie sich auf die neuen Mitte-Segmente einstellen kann.

Kirche gilt als familienfreundlich. Familien gehören zu ihrer Kernklientel. Zukünftig wird sie sich darauf einstellen müssen, dass ihr – vor allem im Bereich der Kasualien – vermehrt Menschen mit einer *adaptiv-pragmatischen* Haltung und einem postmodernen Lebensstil begegnen.

3.5 Die Fragmentierung und Segmentierung unserer Gesellschaft ist auch mental fortgeschritten

Es gib keine Leitmilieus mehr, die für andere Vorbild- und Leitfunktion hätten. Für die Kirche bedeutet das: Die allgemeine Bereitschaft, sich auf (ihre) Leitvorstellungen und ethischen Grundsätze einzulassen, sinkt. In den verschiedenen Milieus treffen wir auf Menschen, die sehr unterschiedliche Werthaltungen haben und diese je für sich als selbstverständlich gültig begreifen. Das *Sozialökologische Milieu*, das von einem politisch engagierten Protestantismus als Bundesgenosse gesehen wird, isoliert sich in unserer Gesellschaft zunehmend. Sehr viele Menschen reagieren mit Aversionen auf das programmatische Selbstverständnis der *Sozialökologischen* als Vorreiter/innen des richtigen Denkens und Lebens, die anderen vorschreiben wollen, wie sie zu leben und zu denken haben.

Es gibt keine Leitmilieus mehr, die für andere Vorbild- und Leitfunktion hätten.

Die beiden großen Kirchen haben in der Vergangenheit eine fast „natürliche", wie selbstverständlich zugestandene und oft auch erwartete Rolle bei der Vermittlung der „richtigen" Werte gespielt, vom Konfirmandenunterricht über die Verkündigung bis hin zu politischen Denkschriften. Es dürfte in Zukunft immer schwerer werden, diese Rolle wahrzunehmen oder auch nur zu beanspruchen. Sie setzt ja dreierlei voraus:

- Eine Wertepyramide für die gesamte Gesellschaft: Die Oberschicht mit ihren Werthaltungen (und ihrem Verhalten) ist normativ.
- Es gibt eine solche Oberschicht.
- Diese sieht in einer der beiden Kirchen eine Repräsentantin und Kommunikatorin ihrer Werthaltungen.

Alle drei Voraussetzungen sind nicht mehr gegeben: Es gibt nicht mehr die Oberschicht, sondern eine große Bandbreite von Werthaltungen im oberen Segment, allenfalls im Bereich der *Konservativ-etablierten* und – schon recht zurückhaltend – in Teilbereichen der *Liberal-intellektuellen* wird man Kirche in dieser Rolle sehen. Eine normative Wertepyramide löst sich auf. Wie wir sahen, hat es wenig Sinn, weiter von Leitmilieus zu sprechen.

3.6 Gegenläufig zur Fragmentierung steht ein anderer Trend: die Postmodernisierung von Lebenseinstellungen und Lebensstilen

Die Extreme auf der Mentalitätsachse werden nicht mehr so stark abgebildet. In der Oberschicht gibt es sie nicht mehr als abbildbare Größe (Veränderung von den *Modernen Performern* zu den *Performern*; Aufgehen *der Konservativen* im *Konservativ-etablierten Milieu*). Die Bessergestellten rücken zusammen. Mental ist eine Universalisierung von spezifisch postmodernen Einstellungen und eine Verbürgerlichung postmoderner Milieus zu beobachten. Auch der *adaptiv-pragmatische* Mensch weiß um die Bedeutung einer rationalen Organisation des Lebens. Auch der *bürgerlich* oder *prekär* lebende Mensch kauft grüne Produkte. Für Kirche lohnt es sich, nach übergreifenden Perspektiven, Interessen und Werthaltungen, die Milieus übergreifen, als thematischen und lebensweltlichen Andockmöglichkeiten zu suchen.

Spezifisch postmoderne Einstellungen werden universal, die postmodernen Milieus verbürgerlichen.

Während für das Milieuschema von 2001 eine Reihe von katholischen Kirchenstudien vorliegt, gibt es entsprechende Daten über die Haltungen zur Kirche, die Erwartungen an sie und Partizipationschancen, die man ableiten könnte, bisher noch nicht. Die evangelischen Landeskirchen in Baden und Württemberg sind mit ihrem gemeinsamen Ankauf der Daten der microm-Geo-Milieus® und ihrer gemeinsamen Studie „Evangelisch in Baden und Württemberg“ Pioniere. Andere Landeskirchen zeigen Interesse und arbeiten regional oder punktuell mit den von der modernen Lebensweltforschung zur Verfügung gestellten Instrumenten. Es bleibt zu hoffen, dass die EKD in Zukunft aufholt und mit ihrer katholischen Schwesterkirche mindestens gleichzieht.

V. Mikrogeografie und die Kirche

Die microm-Geo-Milieus® und was wir bei der Arbeit mit ihnen beachten müssen

microm-Geo-Milieus® geben darüber Auskunft, wie sich die Sinus®-Milieus in einem konkreten lokalen oder regionalen Raum verteilen. microm-Geo-Milieus® sind eine lizenzierte Adaption der Sinus-Milieus. Die Sinus-Milieu-Grafik gibt abstrakt an, wie viele Menschen sich welchem Milieuprofil zuordnen lassen. Mit welchem Milieu/welchen Milieus man vor Ort, im Stadtteil, im Ortsteil, in der Neubausiedlung rechnen muss, darüber sagt die Sinus-Forschung nichts. Diese Auskunft bekommt man bei der Firma microm®. Die sogenannten microm-Geo-Milieus® beziehen die 10er-Typologie von Sinus® auf konkrete lokale oder regionale Räume. Sie beruhen auf Wahrscheinlichkeitswerten. microm® und Sinus® arbeiten bereits seit Mitte der 90er-Jahre des 20. Jahrhunderts zusammen.

Ihr Zustandekommen ist außerordentlich komplex. Stark vereinfacht sieht das Verfahren so aus, dass microm® aus sehr vielen unterschiedlichen Quellen Daten sammelt, die einerseits einem bestimmten Milieuprofil zugeordnet werden können, andererseits aber eine lokale Kennung haben, also etwa einem Straßenzug in einer Stadt zugeordnet werden können. Dies ermöglicht zu sagen, welche Milieus in einem gegebenen sozialen Raum gehäuft auftreten, welche unterrepräsentiert sind.

Möglich wird dies durch eine Zusammenführung sehr vieler Daten aus sehr unterschiedlichen Quellen. Dazu gehören staatliche Behörden, etwa das Kraftfahrtbundesamt, aber auch die Deutsche Post mit ihren 36 Mio. Datensätzen oder Versandhändler und Wirtschaftsauskunfts-Agenturen wie *Creditreform*. Wir alle hinterlassen Datenspuren, wenn wir die diversen Kundenkarten einsetzen und etwa eine Kreditkarte gebrauchen. Das Verfahren ist sehr aufwendig, hat aber eine Trefferquote von deutlich über 20 %. Es lässt sich also mit *relativ hohen* Wahrscheinlichkeiten angeben, welche Menschen in welcher Lebenswelt leben, bis hinunter auf Straßenabschnittsebene.[20]

Die Möglichkeiten für (Kirchen-)Gemeinden liegen auf der Hand. Christen müssen sich nicht mehr auf aus dem Ärmel geschüttelte Mutmaßungen verlassen, wie denn ihr soziales Umfeld aussieht. Kirchengemeinden können sich untereinander und mit anderen Kirchen und Gemeinschaften regional verabreden und ihre Arbeit nach Milieuschwerpunkten organisieren. Vom EKD-Zentrum *Mission in der Region* (ZMiR) wie von der EKD-Inititiative *Erwachsenglauben* werden daher gezielt mikrogeografische Instrumente eingesetzt, um Menschen besser erreichen zu können. Verschiedene Landeskirchen haben entsprechende Daten angekauft. Die von microm® gelieferten Daten ermöglichen eine Zuordnung des Sinus-Milieumodells zu einem konkreten geografischen Raum.

1. microm-Geo-Grafiken verstehen – eine Kurzanleitung

Wir müssen betonen, dass das Verfahren prognostischer Natur ist. D.h., es wird vorher gesagt, dass man in einem bestimmten geografischen Raum mit einer bestimmten Wahrscheinlichkeit auf Menschen trifft, die einem bestimmten Milieu zugeordnet werden können. Dabei muss es natürlich schon als Erfolg gelten, wenn die Trefferquote deutlich höher ist, als wenn das Gegebensein eines konkreten Milieus nur „getippt" würde.

[20] D.h. mikrogeografische Prognosen sind im Durchschnitt doppelt so gut wie der Zufall. Damit werden auf der einen Seite Streuverluste halbiert, andererseits wird auch hier deutlich, dass präziser Umgang mit mikrogeografischen Tools die Angst vor dem gläsernen Menschen gerade nicht fördert.

Die microm-Geo-Milieus® lassen sich nun auf einer Landkarte eines konkreten Ortes abbilden. Durch die Einfärbung der Punkte ergibt sich für den Betrachter sehr schnell ein konkreter Eindruck über die Milieuprägung des analysierten Gebietes. Im Normalfall stellt ein Milieupunkt 27 (oder mehr) Haushalte in einem Straßenabschnitt dar. Es gibt aber die Möglichkeit der Clusterung. Bei diesem Verfahren werden größere Zahlen von Haushalten, etwa 100, 300 oder 500 zusammengefasst. Das kann sinnvoll sein, wenn Städte abgebildet werden, in denen sehr viele Menschen auf einem Raum wohnen und eine kleinteilige Abbildung schnell unübersichtlich würde. Für die Darstellung ist im Einzelnen zu beachten:

- Die 10 Farben markieren die zehn Sinus-Milieus, entsprechend der den Grafiken beigegebenen Legende.
- Die Größe der Punkte markiert den Umfang der jeweils abgebildeten Haushalte.
- Wichtig ist es, sich über die Grundgesamtheit zu informieren, die die Bezugsgröße bildet. Bei microm® sind es im Regelfall die deutschen Staatsbürger, die über 14 Jahre alt sind. Die neue Studie für das evangelische Baden-Württemberg wird es ermöglichen, auch konfessionelle (evangelische) Milieuprofile zu prognostizieren und für einen konkreten geografischen Raum auszuweisen.
- Grundsätzlich gibt es zwei verschiedene Möglichkeiten der Abbildung: Zum einen können die absolut häufigsten Milieus abgebildet werden, zum anderen die sogenannten dominanten Milieus, man kann auch sagen: die Milieus, die relativ am häufigsten sind. Beide Darstellungsweisen können zudem noch kombiniert werden. Die Milieupunkte besitzen dann einen äußeren Ring und eine eingeschlossene, ggf. andersfarbige Fläche.
- Am leichtesten sind die absolut häufigsten Milieus zu verstehen. Abgebildet wird für eine Anzahl von Haushalten, welches Milieu von den 10 Sinus-Milieus am häufigsten vorkommt. Für das Verständnis der microm-Grafiken bedeutet das: Wenn ein brauner Punkt vorliegt, leben hier nicht zu 100 % Traditionalisten. Es bedeutet nur,

dass das traditionelle Milieu dasjenige ist, das am zu untersuchenden Ort am häufigsten vorkommt.

- Interaktive Aufklappfläche: Besteht Zugang zum Internet, kann nach entsprechender Vorbereitung ein Milieupunkt angeklickt werden. In diesem klappt dann eine Tabelle auf, die die quantitative Verteilung der einzelnen Milieus für die gegebene Region zeigt. Für das Gesamtverständnis ist wiederum sehr wichtig, dass hier deutlich wird: Es gibt im Regelfall überall alle 10 Milieus.
- Etwas schwieriger sind die sogenannten dominanten, also nicht absolut, sondern relativ häufigsten Milieus zu verstehen. microm® zeichnet hier dasjenige Milieu aus, das sich am meisten von seinem Durchschnittswert entfernt hat. Dabei werden nur Abweichungen nach oben berücksichtigt. In einer Neubausiedlung findet man z.B. normalerweise *Konservativ-etablierte* (KET) mit einer Häufigkeit von x. Es kann nun sein, dass sich in einer bestimmten Neubausiedlung eine Anzahl von KET findet (präzise: auf der Basis der Daten prognostizieren lässt), die deutlich über dem Durchschnittswert x liegt. Die Zahl der KET muss dabei gar nicht besonders groß sein. Sie kann absolut kleiner sein als die der Menschen, die man der Bürgerlichen Mitte (BÜM) zuordnet. Vielleicht gibt es immer noch doppelt so viele BÜM wie KET. Dennoch würde KET als dominantes Milieu markiert werden. Es könnte auch sein, dass sich die Zahl der *Performer* (PER) signifikant von dem Normalwert unterscheidet, der im Durchschnitt in solchen Wohnlagen anzutreffen ist. Aber wenn diese Differenz zum Durchschnittswert geringer ausfällt als bei den KET, werden die KET als dominantes Milieu abgebildet und nicht die PER und – wie beschrieben – auch nicht die BÜM. Es gibt freilich eine Ausnahme:
- Dominante und absolute häufigste Milieus können kombiniert abgebildet werden (s.o.). In diesem Fall hätten wir außen einen beigegelben Ring als Hinweis dafür, dass die BÜM hier das absolut stärkste Milieu darstellt, und innen einen hellblauen Punkt, der bedeutet: Es gibt hier überdurchschnittlich viel, bemerkenswert viele KET.

- Je genauer wir hinschauen, umso klarer wird: Diese Darstellung ist in einem mathematischen Sinne nicht gerecht. Selbst wenn durch Innen- und Außenring im Maximalfall vielleicht knapp 30 % der Milieus abgebildet werden, bleiben doch selbst in einer solchen Szenerie ca. 70 % der Milieus unabgebildet. Das muss man im Bewusstsein halten, wenn das Auge uns schnell zu anderen Schlüssen verführen und suggerieren will, hier sei ja alles beige-gelb oder braun oder … Was allerdings gelingt, ist die Markierung von auffälligen Sachverhalten.
- Suggestiv wirkt unter Umständen die Abbildung einzelner Punkte, die relativ isoliert an einer bestimmten Stelle verortet sind. Hier entsteht der Eindruck, als wenn hier – beispielsweise bei einem violetten Punkt – nur *Hedonisten* (HED) wohnen würden (was „wir ja schon immer gewusst haben"; oder was ja „besonders interessant ist").
- microm® garantiert die notwendige Verschlüsselung, sprich Anonymisierung der Daten. Die wird im gegebenen Fall dadurch erreicht, dass (a) verschiedene Haushalte mit einem Milieuprofil zusammengefasst werden und an einem Ort abgebildet werden, an dem sie sich „in Wirklichkeit" gar nicht befinden, (b) dass wir zudem wissen, dass von den 25 Haushalten, die hier violett gezeichnet sind, ja gar nicht alle HED sind. Wir bemühen uns, in Zukunft auf solche einzelnen Punkte ganz zu verzichten, weil sie zu Missverständnissen Anlass geben.
- Wir haben beim ZMiR die Abbildung der microm-Geo-Milieus® noch einmal etwas modifiziert. Man gewinnt einen ersten, zugleich zutreffenden und doch einleuchtenden Eindruck, wenn man sich zunächst nicht auf einzelne Milieus konzentriert, sondern entweder (a) auf die drei verschiedenen Mentalitäten (Sinus®: „Grundorientierungen") oder (b) auf die soziale Schichtung.
- Ein Beispiel für (a): Es kann sein, dass sich eine Kirchengemeinde oder ein Distrikt von einem anderen im Hinblick auf das Milieu der Performer nur wenig unterscheidet. Es geht dann vielleicht um 1–2 %. Man könnte fragen: Was ist das schon? Wenn aber alle drei Milieus der C-Säule, also alle postmodernen Milieus, zusammengenommen werden, kann die Differenz schon beträchtlich größer,

vielleicht 6 oder 7 % sein. Wenn sich dann noch ergibt, dass im untersuchten Raum TRA oder KET weniger vertreten sind, dann hat man damit schon einen verwertbaren Befund und Anhaltspunkte, die man weiter verfolgen kann. Kann es sein, dass hier signifikant mehr Menschen leben, die postmodern orientiert sind, und signifikant weniger von solchen zu finden sind, die kirchlichem Leben traditionell eher nahestehen?

- Ein Beispiel für (b): Es kann sehr sinnvoll sein, auch die vertikale Schichtung zu untersuchen und zu summieren, wie stark etwa Unterschicht und Oberschicht-Milieus vertreten sind. So hat ein Distrikt im Kirchenbezirk Esslingen in der Summe eine um ca. 9 % höhere Repräsentanz von Oberschicht-Milieus. Bezeichnenderweise sind die PRE, HED und TRA um ca. 9 % geringer vertreten (bezogen auf das Land Baden-Württemberg). Hier ist das Profil eines Distriktes schon recht deutlich zu greifen.
- Die Unterscheidung nur der drei Mentalitäten und die Angabe ihrer Quantitäten kann ebenfalls eine wichtige erste Orientierung sein. Hierfür werden in einer sehr groben Weise die Milieus der A-, B- und C-Säule mit ihren Quantitäten zusammengezählt. Das Verfahren ist grob, weil ja einige Milieus nicht völlig einer Mentalität zuzuordnen sind. Dennoch lässt sich im Ergebnis erkennen, ob beispielsweise die C-Säule dominiert oder aber die A-Säule oder ob wir einen Schwerpunkt im Bereich der B-Säule haben. Gibt es einen traditionsorientierten Ortskern und eine Stadtrandlage, in der Neubürger leben, die vielleicht nur für kurze Zeit dort bleiben? Wie sieht es mit den Milieus der Mitte aus? Sind sie stark dort, wo sich kleine Gärten mit guter Verkehrsanbindung kombinieren lassen?
- Ein weiteres Hilfsmittel sind die roten und grünen Einfärbungen der Mentalitäten-Anteile für die einzelnen Distrikte. Die rote Farbe verdienen sich die Distrikte, die mindestens 0,5 % unter dem Wert des Bezirks liegen, die grüne erhalten diejenigen, die mindestens 0,5 % über dem Wert des Bezirks liegen, der ja ein Durchschnittswert ist. In eben derselben Weise wird auch der Kirchenbezirk als solcher auf

das Land Baden-Württemberg bezogen. Die Färbung der signifikanten Unterschiede erlaubt es sehr schnell, postmoderne oder moderne Schwerpunkte festzumachen oder aber umgekehrt auch die soziale Lage festzustellen. Das wird dadurch möglich, dass in der Anordnung der Milieus die Oberschicht-, Unterschicht- und Mittelschicht-Milieus nebeneinanderliegen.

- Wichtig ist es bei alledem zu realisieren: Z.B. HED steht zwar für das *Hedonistische Milieu* bzw. für *Hedonisten*, aber: *Hedonisten* sind keine Hedonisten, sprich: Genussfreaks. Es handelt sich um Abkürzungen, die als solche immer im Bewusstsein gehalten werden wollen.

Nach diesen Erläuterungen ist plausibel: Die microm-Geo-Milieus® sind ein interessantes Analyse-Werkzeug. Die Reaktionen liegen zwischen unnüchterner Überschätzung einerseits und müdem Abwinken ob der Komplexität des Werkzeugs andererseits.

→ Abb. 20–21: die microm-Geo-Milieus®, S. XIVf.

2. Einwände gegen die Arbeit mit mikrogeografischen Tools

Gegen das Arbeiten mit mikrogeografischen Tools erheben sich vor allem aus Teilen der Pfarrerschaft der Landeskirchen Bedenken:

- Kann eine Kirche, die Schuldnerberatung betreibt, gleichzeitig auf Datensätze zurückgreifen, die etwa von der Firma Creditreform stammen?
- Stehen wir nicht vor einem datenschutzrechtlichen Albtraum? Entsteht nicht durch die massenhafte Zusammenführung dieser personenbezogenen und lokal konkret zuzuordnenden Daten tatsächlich der gläserne Bürger? Darf Kirche hier gegen das handeln, was sie an anderer Stelle als ethische Norm vorgibt: Vorsicht mit Datensammeln?

Evangelische Einrichtungen haben sicherlich nicht die Funktion, Marketing-Firmen zu rechtfertigen, auch nicht solche, die mit mikrogeografischen Instrumenten arbeiten. Dennoch kann es zur Versachlichung der Debatte helfen, wenn wir uns vergegenwärtigen, was häufig nicht bekannt ist oder auch ausgeblendet wird:

- Die Firma microm®, mit der verschiedene Landeskirchen zusammenarbeiten, untersagt in den Nutzungsbedingungen für ihre Daten jedes Kreditscoring, also jede automatische Ermittlung der Kreditwürdigkeit einer Person anhand eines Punktesystems. Damit wird ein Gebrauch der Daten ausgeschlossen, der für die Betroffenen zu finanziellen Nachteilen etwa bei Kreditvergabe führen kann. Die von microm® erhobenen und ausgewerteten Daten dürfen nicht benutzt werden, um Leistungen zu verweigern oder diese zu verteuern.
- Die Creditreform-Gruppe erstellt auf der Basis der gesammelten und ausgewerteten Daten alljährlich einen Schuldneratlas, der ein wichtiges Instrument für Diakonie und Caritas ist, um auf die prekären Verhältnisse immer weiter wachsender Teile unserer Bevölkerung hinzuweisen. Von diakonischen Einrichtungen wird ausdrücklich auf diese Arbeit von Creditreform hingewiesen.
- Es gibt eine Reihe von kommunalen Einrichtungen wie etwa Berlin Bezirk Neu-Kölln, die die Daten zur Schuldner-Beratung und zur Prävention nutzen.

> **Nicht die Erhebung der Daten und ihre Auswertung an sich sind problematisch. Entscheidend ist, wie die Mikrogeografie eingesetzt wird.**

Diese Hinweise bedeuten nicht, dass der Umgang mit diesen hochsensiblen Daten unproblematisch ist. Es zeigt sich aber, dass diese unterschiedlich genutzt werden können und d.h. nicht nur zum Nachteil, sondern auch zum Nutzen der Betroffenen und der Gesellschaft insgesamt. Nicht die Erhebung der Daten und ihre Auswertung an sich sind problematisch. Entscheidend ist, wie die Mikrogeografie eingesetzt wird und ob Kirche (wie andere) verantwortlich mit den Daten umgeht. Genau diese Einsichten sind Ausgangspunkt für unsere weiteren Reflexionen.

3. Legalität und Legitimität

Zunächst ist ganz eindeutig und muss als Basis aller weiteren Reflexion festgehalten werden:

- Die von microm® durchgeführte Zusammenführung und Aufbereitung wie Weitergabe von Daten bewegt sich voll in einem rechtlich legalen Rahmen.
- Es gibt von keiner Seite datenschutzrechtliche Beanstandungen der angewendeten Verfahren. Die Geo-Milieus, mit denen etwa die Evangelische Landeskirche in Württemberg oder die Evangelische Kirche in Baden arbeiten, beruhen auf Datensätzen der Firma microm®. Das für microm® zuständige Landesamt für Datenschutz in Düsseldorf hat noch im letzten Jahr die Unbedenklichkeit der Sammlung, Auswertung, Aufbereitung und Weitergabe von Daten durch dieses Unternehmen bestätigt.
- Es gibt sogar eine Expertise des als besonders streng bekannten Datenschutzbeauftragten des Landes Schleswig-Holstein, Thilo Weichert, der einen ausreichenden Datenschutz dort gewährleistet sieht, wo nicht weniger als vier Haushalte zusammengefasst werden. Dort hält Weichert fest: „Entsprechend der statistikrechtlichen Praxis kann man davon ausgehen, dass bei einer Zusammenführung von mindestens vier Personenhaushalten zu einem Datensatz der Personenbezug hinreichend verschleiert wird.“ (Datenschutz und Geoinformationen 2007). microm® geht genau nach dieser mikrogeografischen Vorgehensweise vor. Da microm® eine Zellmindestgröße von 5 Haushalten hat, ist es strenger als Weichert fordert.

Grundsätzlich gilt freilich: Legalität bedeutet nicht automatisch Legitimität. Die Tatsache, dass die Arbeit mit den microm-Geo-Milieus® aus juristischer Sicht unbedenklich ist, bedeutet nicht, dass sie in jeder anderen Sicht unbedenklich wäre und dass Kirche sich über die artikulierten Bedenken hinwegsetzen könnte. Das geht schon deshalb nicht, weil eine wünschenswerte weite Verbreitung des microm-Instrumentes nur dann gewährleistet ist, wenn über seinen Gebrauch ein Minimalkonsens erzielt werden kann und sich die zur Verfügung stehenden Energien nicht in der Auseinandersetzung über Instrumente einer missionarischen Volkskirche erschöpfen und an Sekundärschauplätzen gebunden werden.

4. Die Notwendigkeit einer Abwägung und der Sinn eines Kompromisses

Einem Interesse an Datenschutz und einem verantwortlichen Umgang mit sensiblen Daten steht freilich ein mindestens ebenso großes Interesse an der Nutzung der mikrogeografischen Daten gegenüber. Die bisherige Erfahrung in Pilotprojekten zeigt, dass über die Wahrnehmung der Milieu-Unterschiedlichkeit hinaus der Einsatz der Grafiken mit den entsprechenden Milieu-Verteilungen in einem konkreten geografischen Raum einen erheblichen Erkenntnis- und Motivationsgewinn bringt:

- Die abstrakte Theorie einer Milieufragmentierung und Segmentierung der Gesellschaft wird konkret greifbar und anschaulich.
- Blinde Flecken in der Wahrnehmung werden sichtbar. Es können konkrete Debatten darüber geführt werden, „ob es denn wirklich im Gebiet unserer Kirchengemeinde *Hedonisten* gibt".
- Das Glaubenskurs-Projekt der EKD zeigt exemplarisch, wie ein konkreter Nutzen aussehen kann (vgl. Kap. IX, S. 161f.). Es gibt die Möglichkeit, regionale oder lokale Schwerpunkte zu erkennen, Profile bestimmter Kirchengemeinden zu erstellen und Delegationen wie Kooperationen zu verabreden. Entlastungseffekte werden greifbar, wo sich Kirchengemeinden vor Ort in einem gegebenen Kontext nach Absprache mit anderen spezialisieren bzw. Schwerpunkte ihrer Arbeit bilden.
- Das heißt also: Wir bekommen durch die microm-Geo-Milieus® Informationen, Motivationen und Perspektiven für Kooperationen, die kein anderes Instrument bietet.

Es kann also keine Lösung sein, einfach auf das mikrogeografische Tool zu verzichten. Vielmehr müssen Vorteile und Bedenken gegeneinander abgewogen werden. Sinnvoll ist ein Kompromiss, der die berechtigten Anliegen aller Beteiligten berücksichtigt. Dies gilt umso mehr, als die Bedenken gegen einen Einsatz der microm-Milieu-Daten selbst in einer bestimmten Lebenswelt wurzeln. Es ist vor allem das ehemalige Milieu der *Postmateriellen*, in der Milieu-Kategorie der Sinus-Milieus von 2010 die Lebenswelt der *Sozialökologischen*, die die angegebenen Bedenken artikuliert. *Adaptiv-pragmatische* oder gar *Performer, Hedonisten* und *Prekäre, Traditonelle* und *Konservativ-etablierte* artikulieren diese Anfragen nicht oder nur sehr selten. Selbst die *Bürgerliche Mitte* ist hier weniger engagiert. Diese Kontextualisierung der Anfragen mindert nicht deren sachliches Gewicht, relativiert diese aber in einer bestimmten Beziehung: microm-Geo-Daten sind problematisch für bestimmte Menschen. Wieder andere haben überhaupt keine Probleme, noch sehr viel persönlichere Daten ins Netz zu stellen, trotz Aufklärung über das, was sie da tun oder vielleicht auch im Wissen um das, was sie tun. Sie leben aus einer anderen Logik heraus. Sehr viele, vor allem jüngere und postmodern eingestellte Menschen haben überhaupt keine Probleme mit der Datenspur, die sie ziehen, mit der ständigen Erreichbarkeit und selbst Lokalisierbarkeit.

Das bedeutet nicht, dass die Frage nach einem richtigen Umgang mit Daten als solche nicht aktuell und wichtig sei. Es bedeutet aber, dass die Kriterien für die Entscheidung unterschiedlich sind; dass Menschen empirisch wahrnehmbar eine sehr unterschiedliche Einstellung zu dem haben, was richtig und legitim ist und was nicht.

Auch in unserem Zusammenhang ist es nicht unproblematisch, wenn eine Position für sich ein Erkenntnisprivileg beansprucht und vorgibt, den allein richtigen, ethisch verantwortbaren Standpunkt einzunehmen. Es bedarf mindestens der kritischen Reflexion, wenn sich eine Minderheit zum Gewissen für eine Mehrheit aufwirft. Auch in diesem Zusammenhang ist ja allen Versuchen der Dominanz zu wehren. Wie kann unter den gegebenen Umständen eine Verständigung aussehen?

Sinnvoll ist ein Bündel von grundsätzlichen Entscheidungen und konkreten Maßnahmen.

5. Grundsätzliche Entscheidungen

Wir verständigen uns für den innerkirchlichen Gebrauch der microm-Geo-Daten auf folgende Grundsätze:

1. *Transparenz und Aufklärung:* Wir informieren offensiv über das, was wir tun, wenn wir das mikrogeografische Instrument einsetzen. Wir kommunizieren die Notwendigkeit einer Güterabwägung: einerseits Bedenken von bestimmter Seite, andererseits Vorteile, die nur dieser Ansatz bietet.
2. *Selbstbestimmung und Konsens:* Wir legen die Optionen offen, die es gibt: von einem allgemeinen Einsatz des Milieu-Schemas als Brille bis hin zu den microm-Geo-Milieus®. Wir überlassen den Gemeinden vor Ort, wofür sie sich nach umfassender Aufklärung entscheiden, und wir erbitten für die Arbeit vor Ort Konsens. Wir kommunizieren in diesem Zusammenhang sowohl, dass der gläserne Bürger ein Problem darstellt, als auch die Tatsache, dass die blinden Flecken – um nicht zu sagen: Flächen – von Kirchen im Hinblick auf die von ihr Nicht-Erreichten ebenfalls eine Herausforderung darstellen.
3. *Zurückhaltung im Datengebrauch:* Wir gehen sensibilisiert durch den mannigfachen Missbrauch von Datensammlungen, die Möglichkeiten des Datendiebstahls und im Hinblick auf das Gebot informationeller Selbstbestimmung konservativ und möglichst zurückhaltend mit dem mikrogeografischen Datenangebot um. D.h., wir wägen ab, inwiefern im gegebenen Fall nicht auch weiter gehende Anonymisierungen und der Verzicht auf bestimmte Datensätze unseren Zwecken ebenfalls Genüge tun.
4. *Qualität und Aufsicht:* Wir setzen auf die von den Kirchenleitungen bereits begonnenen Schulungen von zertifizierten Multiplikatoren,

und wir achten darauf, dass microm-Geo-Daten nur von den Gemeinden genutzt werden, die in einer qualifizierten Weise in den Umgang mit der Mikrogeografie eingeführt worden sind.

6. Konkrete Maßnahmen: 10 Regeln zur Selbstverpflichtung

1. *Wir informieren sehr sorgfältig über die Möglichkeiten und Grenzen der mikrogeografischen Instrumente.* Wir warnen vor der Suggestion der bunten Bilder und weisen auf die Grenzen der jeweiligen Darstellungen hin. Wir sind uns bewusst, dass wir zum Zwecke der Deutlichkeit und der Hervorhebung eines Aspektes immer andere Aspekte ausblenden. Wir verwenden etwa Grafiken, die eben nicht nur dominante und absolut häufigste Milieus abbilden. Wir wehren so dem Eindruck, es gebe in einem konkreten Raum nur ein oder maximal zwei Milieus. Wir weisen darauf hin, dass der Ausweis von relativ und absolut häufigsten Milieus einen bedeutenden Hinweis auf das Profil eines konkreten regionalen Raumes darstellt, dass aber ca. 70–80 % der Milieus so nicht abgebildet werden.
2. *Wir heben hervor: Sozialwissenschaftlich ist grundsätzlich mit Unschärfen zu rechnen.* Diese liegen in potenzierter Form im Bereich der Mikrogeografie vor. Ein angemessener und hilfreicher Umgang mit microm-Geo-Milieus® ist nur dann gegeben, wenn diese Unschärfen beachtet werden und der konstruktive Charakter der Datenmodellierung berücksichtigt wird. Grundsätzlich ist ja zu beachten:

   Basis der Geo-Milieus sind die qualitativen Erhebungen des SINUS®-Institutes, die von bestimmten Annahmen über spezifische Lebenswelten von Menschen ausgehen, die um Milieuprofile gruppiert und ihnen zugeordnet werden können. In einem zweiten Schritt wird dieser qualitative Zugang durch empirische Erhebungen ebenfalls vom SINUS®-Institut quantitativ nachmodelliert. microm® nimmt nun – in einem dritten Schritt – noch einmal eine hochkonstruktive Modellierung dieser Sinus-Modellierung vor, indem sie das Sinus-Milieumodell auf einen konkreten geografischen Raum projiziert und dazu Daten heranzieht, die aus sehr unterschiedlichen Quellen stammen und mittels eines komplexen Schlüssels den Milieu-Typologien zugeordnet werden.

Die Multiplikatoren müssen das Verfahren nicht im Großen und im Detail verantworten. Dennoch gehört es zu den elementaren Aufgaben der Kommunikation der Geo-Milieus, auf ihren hochkomplexen, konstruktiven Charakter hinzuweisen. Nur so bewahren wir vor einer Datengläubigkeit, leiten zu einem reflektierten Umgang mit den Geo-Milieus an und bewahren diese Instrumente vor einer Entwertung durch unsachgemäßen, etwa auch oberflächlichen Gebrauch.

3. *Wir unterstreichen den Prognose- und d.h. den Wahrscheinlichkeitscharakter der Sinus- und der microm-Geo-Milieus®.* Wir treffen schon die einzelne *hedonistische*, *traditionsorientierte* oder *expeditive* Person nicht in der Mitte eines Milieus an. Es kann theoretisch sein, dass kein real existierendes Individuum einem gegebenen Milieuprofil zu 100 % entspricht. Durch die Projektion, die das microm-Milieumodell vollzieht, kommen weitere Unschärfen hinzu. So ist ja unschwer der Fall denkbar, dass ein Ehepaar zwar zwei verschiedenen Milieus angehört, aber für beide vor Ort in einem Haushalt lebende Partner zusammen dieselbe Wahrscheinlichkeit der Zugehörigkeit zu einem Milieu ausgewiesen wird. (Es kann ja gar nicht innerhalb einer Zelle oder eines Hauses unterschieden werden.)
4. *Wir hüten uns vor der Förderung von „Schubladendenken“.* Einerseits dient die Unterscheidung von Milieus und Lebensstilen gerade der Wahrnehmung von und Sensibilisierung für mentale und soziale Unterschiede. Sie beugt insofern schon einem Kästchendenken wie auch der Unterstellung vor, alle Menschen wären im Wesentlichen ähnlich oder gleich. Andererseits verführen gerade die zwangsläufig verkürzten Darstellungen der Milieus zu einem Reden von „den *Konservativen*“ oder „den *Hedonisten*“, das schnell übersehen lässt, dass es weder „den *Konservativen*“ noch „den *Hedonisten*“ gibt. Der

Gebrauch dieser Milieu-Kennzeichnungen hat immer so zu geschehen, dass ihr Abkürzungscharakter im Bewusstsein bleibt. Entsprechendes gilt selbst für die umfangreicheren Kurzcharakterisierungen.

5. *Wir binden die mikrogeografische Perspektive und das Sinus-Milieumodell in einen umfassenderen Ansatz ein.* Das bereits erwähnte Konzept „MÜKKE“ umfasst neben der Lebensweltperspektive auch die demografischen Daten der Region und die Daten des kirchlichen Lebens und fügt diese zusammen zu einer dreidimensionalen Abbildung des gesellschaftlichen Kontextes einer Kirchengemeinde bzw. Kirche im Distrikt, Bezirk etc. (vgl. S. 46).
6. *Kirchengemeinden, Kirchenbezirke und Distrikte müssen selber entscheiden können, wie sie die Instrumente der Lebensweltforschung einsetzen.* Sie müssen wählen können zwischen einer allgemeinen Sensibilisierung durch die Lebensweltforschung (Mentalitäten, Milieus, Lebensstile) und dem spezifizierten mikrogeografischen Instrument. Wenn kirchliche Träger mit dem Milieu-Instrument arbeiten wollen, müssen sie die Wahl haben zwischen einem abgestuften Angebot. Eine sehr wichtige Sensibilisierung wird schon durch die Betrachtung der drei Basismentalitäten erreicht, wie sie SINUS® auf der horizontalen Einstellungsachse unterstellt. Die Unterscheidung von 10 Milieus bietet dann schon ein sehr differenziertes Mittel der Kulturhermeneutik und Kommunikation. Wer gezielt vor Ort oder in der Region Milieus adressieren will, kann auf die microm-Geo-Milieus® zurückgreifen. Möglich ist auch eine Ausdifferenzierung des Einsatzes der Milieuforschung auf den unterschiedlichen Ebenen von Kirchengemeinde, Distrikt oder Kirchenbezirk.
7. *Wir schulen zur persönlichen Wahrnehmung.* Wir weisen auf die bloß ergänzende Funktion dieses „objektivierenden“ sozialwissenschaftlichen Zugangs hin. Wir erläutern durchgängig, dass das Arbeiten mit dem Milieumodell und die Lozierung der Milieus an konkreten Orten (die Platzierung von „Milieu-Punkten“ an bestimmten Orten) immer unscharf ist, abstrakt bleibt und die persönliche Wahrnehmung nicht ersetzt, sondern ergänzt und ggf. korrigiert.

8. *Wir weisen überhöhte Erkenntnisansprüche zurück.* Wir erläutern durchgängig, dass der Ansatz bei der Lebensweltforschung zwar zu einer Wahrnehmung der Pluralität und Diversität mentaler und sozialer Unterschiede anleitet, dass er uns aber nicht erschließt, wer die Menschen sind, mit denen wir es zu tun haben. Wir machen freilich deutlich, dass es unverantwortlich wäre, die Frage, mit wem wir es zu tun haben und wie wir Menschen erreichen können, ohne Berücksichtigung der Lebensweltforschung und der microm-Geo-Daten beantworten zu wollen.
9. *Wir schöpfen die prinzipiell gegebenen Möglichkeiten der Mikrogeografie nicht aus.* Wir bilden so anonymisiert ab, wie unter den gegebenen Umständen sinnvoll und möglich. Auch wenn eine kleinräumigere Abbildung möglich wäre, bilden wir nur so kleinteilig ab wie nötig. Umgekehrt fassen wir in den Grafiken Haushalte so großflächig zusammen wie möglich. Kriterium ist: Das Profil eines Ortsteiles muss erkennbar sein. Konkret bedeutet das:
   - Wir verzichten auf eine Abbildung von weniger als fünf Haushalten und stellen Ortsrandlagen, Aussiedlerhöfe und ganz kleine Straßen etc. nicht dar.
   - Wir fassen kirchlicherseits innerorts mindestens 10, wo möglich 20 Haushalte in einem Straßenzug zusammen.
   - Wir verzichten auf die Auslieferung von sensiblen Daten (wie etwa zu Kreditwürdigkeit und Kaufkraft) und geben diese Daten grundsätzlich nicht an die Gemeinden weiter.
10. *Wir achten darauf, dass auch andere mit den Geo-Milieu-Daten sensibel und verantwortungsbewusst umgehen.* Das heißt:
   - Wir machen die sensiblen Daten nicht öffentlich zugänglich.
   - Wir stellen sie nicht auf die Homepage der Kirchengemeinde o.Ä.
   - Wir geben die Grafiken auch nicht an Dritte weiter, die nicht in ihre Nutzung eingeführt worden sind.
   - Wir liefern die Karten mit den Milieu-Verteilungen nicht vor einer entsprechenden Schulung und Einweisung aus.

VI. Mission im Milieu und sozialwissenschaftliche Forschung

Wie Kirche ganz praktisch von der Milieuforschung profitieren kann

1. Wie der Milieuansatz unser Denken über Kirche verändern kann

- *Das Sinus-Milieumodell als Sehhilfe (Cl. Schulz)*[21]: Man sieht mehr, wenn man eine Brille aufsetzt, vor allem sieht man schärfer und differenzierter. Es gibt sehr viele Menschen in unseren Gemeinden, die die Milieugrenzen überschreiten wollen, die die „Milieugefangenschaft von Kirche" (Wolfgang Huber[22]) aufsprengen wollen, die sich eine milieusensiblere Kirche wünschen. Aber erst die Milieubrille bringt Sehen in die Liebe hinein. Liebe ohne Sehen bleibt blind, Sehen ohne Liebe bleibt lahm.
- *Sich aufwecken lassen:* Die zentralen Ergebnisse der 2005er-Studie für die katholische Kirche haben sich auf viele wie ein heilsamer Schock ausgewirkt, weil sie eine erschreckende Realitätsverfehlung aufgedeckt haben. Die Kirche wähnt sich in der Mitte der Gesellschaft, erreicht aber nur noch einen Bruchteil der eigenen Mitglieder. Je jünger und (post-)moderner die eingestellt sind, umso weiter sind sie entfernt vom ortsgemeindlichen kirchlichen Leben.

---

21 Vgl. Claudia Schulz/Eberhard Hauschildt/Eike Kohler: Milieus praktisch. Analyse- und Planungshilfen für Kirche und Gemeinde, Göttingen 2008, Einführung.

22 Wolfgang Huber: „Du stellst unsere Füße auf weiten Raum", Rede zur Eröffnung der Zukunftswerkstatt am 24. September 2009 in Kassel, in: ThBeitr, 41. Jg. (2010), (68–78), 78.

- *Kirchengemeinde und Kirche – zwei Paar Schuhe*: Menschen halten trotz moderner und postmoderner Lebensweise an ihrer Kirchenmitgliedschaft fest. Die Untersuchungen der Medien-Dienstleistungsgesellschaft (MDG), München, zeigen das erstaunliche Ergebnis: Auch in den sogenannten „kirchenfernen" Milieus gibt es einen hohen Prozentsatz an Kirchenmitgliedern. Dieser entspricht – jedenfalls nach dem Stand von 2011[23] – in etwa dem prozentualen Anteil der Katholiken an der Gesamtbevölkerung. Was bedeutet das für unsere Einschätzung der Ortskirchengemeinden? Diese bedienen zuverlässig und mit einem hohen Zufriedenheitsgrad bestimmte vor allem traditionsorientierte Kirchenmitglieder. Andere gehen offenbar leer aus.
- *Notwendigkeit und Dringlichkeit von Veränderung anschaulich machen:* Die Sinus-Kirchenstudien zeigen die Dringlichkeit der Veränderung der Organisation kirchlichen Lebens. Sie zeigen, dass wir die Verteilung der materiellen und menschlichen Ressourcen in unseren Kirchen noch einmal überdenken sollten. Das parochiale Netz ist die Rückgratstruktur und muss unbedingt erhalten werden. Unabhängig davon wird durch die Sinus-Analysen klar, dass wir uns nicht schwerpunktmäßig auf die Versorgung von 2–10 % der Kirchenmitglieder fokussieren dürfen. Das ist auch eine Frage der Ressourcengerechtigkeit.
- *Realitätsbezug wiedergewinnen:* Die Sinus-Studien stellen uns noch einmal in aller Deutlichkeit vor die Frage: Warum wollen wir die Menschen in unserer Kirche (und darüber hinaus!) eigentlich erreichen? Warum sollen wir sie erreichen wollen? Reicht es nicht, wenn Menschen getauft sind? Reicht es nicht, wenn Menschen unter-

---

[23] Vgl. Bodo Flaig: Was wollen die Schäfchen? An Weihnachten werden die Gottesdienste wieder gut besucht sein. Eine neue Umfrage, die Christ und Welt veröffentlicht, zeigt jedoch: Rund 5,5 Mio. Kirchenmitglieder tragen sich mit dem Gedanken an einen Austritt. Deutschland ist Missionsland geworden (Christ und Welt 52/2001, CW 3).

schiedliche Formen der Kirchlichkeit und Religiosität, womöglich auch in Distanz zur Kirche leben? Seit den 1970er-Jahren verharren die Zahlen der Kirchenaustritte auf gleichbleibend hohem Niveau; die protestantischen Kirchen haben 8,5 Mio. Mitglieder verloren. Trotzdem liegt die Zahl derer, die austrittswillig sind, nahezu konstant bei ca. 16 %, d.h., die Kirchenaustrittswilligen scheinen ihr Vorhaben auch entsprechend konsequent zu realisieren. Sinus-Studien mit ihren Milieu-Explorationen können hier eine erhebliche Hilfe sein, Maßnahmen der Kirchenbindung für Menschen in verschiedenen Milieus zu formulieren, und das Sinus-Institut hat sich bereits auch dazu Gedanken gemacht.[24]

- *Nicht nur institutionelle Selbstbehauptung.* Das wäre ja nur eine Begründung, die nach dem Erhalt von Kirche als Institution fragt. Geht es nur um institutionelle Selbstbegründung, wenn wir fragen, wie Kirche mehr Menschen erreichen kann? Ist vielleicht doch auch eine theologische Begründung konsensfähig: Menschen sind getauft, und wir sind ihnen das Evangelium schuldig? Menschen haben das Menschenrecht, dass das Evangelium ihr Leben prägt, und wir sind verpflichtet, kulturelle Barrieren abzubauen, die ihnen den Zugang versperren; wir haben die Verpflichtung, das Evangelium so zu kontextualisieren, dass es auch diejenigen erreicht, die in Lebenswelten unterwegs sind, die noch nicht vom Evangelium geprägt sind. Hier liegt eine Aufgabe vor uns, die missionstheologischen Charakter hat und die man früher nur von fremden Ländern und Kulturen kannte. Darf die Rede von den „treuen Kirchenfernen“[25] uns weiterhin beruhigen? Handelt es sich nicht lediglich um eine kirchensoziologische Kategorie? Dürfen wir diese 1:1 als theologisch valide werten? Kann

[24] Vgl. etwa: Kirchenaustrittserwägungen unter deutschen Katholiken: Verbreitung und Ursachen. Eine explorative Re-Analyse des MDG-Trendmonitors Religiöse Kommunikation für die MDG, Berlin 2010.

[25] Vgl. die vierte EKD-Mitgliedschaftsuntersuchung aus dem Jahr 2003: „Kirche – Horizont und Lebensraum. Weltsichten – Lebensstile – Kirchenbindung“, die dieses fruchtbare kirchensoziologische Konstrukt plausibilisiert.

es einer evangelischen Theologie und Kirche wirklich gleichgültig sein, ob Menschen in Distanz zu Kirche und Verkündigung, zu gelebtem Glauben und Gemeinschaft von Christen ihr Leben führen? Was ist falsch an einer Kirchentheorie, die zu solchen Konsequenzen führt?

> **KANN ES EINER EVANGELISCHEN KIRCHE WIRKLICH GLEICHGÜLTIG SEIN, OB MENSCHEN IN DISTANZ ZU GELEBTEM GLAUBEN UND GEMEINSCHAFT VON CHRISTEN IHR LEBEN FÜHREN?**

- *Freiheit nicht vom, sondern Freiheit zum Evangelium:* Ausdrücklich sei betont: Es geht natürlich nicht darum, irgendwelche bestimmten Formen von Glaubenspraxis zur Schablone für andere zu machen. Es geht nicht darum, durch eine bestimmte Mentalität, durch eine bestimmte Kultur bedingte Ausdrucks- und Denkformen des Glaubens zur normativen Größe für alle zu machen. Milieuperspektive lässt ja gerade solche Irrwege als solche identifizierbar werden und stellt in die Freiheit des Evangeliums hinein. Freiheit des Evangeliums bedeutet aber nicht: Freiheit vom Evangelium, sondern Freiheit zum Evangelium, in der mir, meiner Prägung und meiner Lebenswelt entsprechenden Weise. Es kann auch nicht unser Ziel sein, andere für unsere angestammten Formen von Kirchlichkeit zu gewinnen. Das Ziel ist nicht erreicht, wenn der Gottesdienstbesuch am Sonntagmorgen wächst – auch wenn das bis dato der hauptsächliche Gradmesser für Wachstum oder Schrumpfen in unserer Kirche ist. Viele Menschen wollen und können nicht an dieser „Hauptveranstaltung" von Kirche teilnehmen. Bis zu 40 % der berufstätigen Bevölkerung geht am Wochenende einer Beschäftigung nach. Für Familien oder Paare ist der Sonntagvormittag die einzige ungestörte Zeit für Begegnung und Kommunikation. Für beide Bevölkerungsgruppen ist der Gottesdienst am Sonntagmorgen ein No-go. Von der Frage einmal abgesehen, ob die Ästhetik des jeweils vor Ort angebotenen Gottesdienstes ihren Erwartungen entspricht (es ist ja nachgewiesen, dass nur eine kleine Minderheit der Kirchenmitglieder Orgelmusik schätzt).

- *Allen alles werden, um auf allerlei Weise etliche zu gewinnen (1Kor 9)!* Es geht also im Gegenteil darum, durch die Erkundungen der fremden Lebenswelten herauszubekommen: Wie sieht die Tonalität der Menschen im jeweiligen Milieu aus? Was spricht sie an? Wie sieht die Logik ihrer Lebenswelt aus: immer dasselbe oder möglichst oft etwas anderes? Gehoben oder „anti", exklusiv oder familiennah? Gebildet oder lieber kumpelhaft? Wie kann man sich Beteiligung jeweils vorstellen? Sobald wir so fragen, erkennen wir: Der Sonntagmorgen-Gottesdienst ist auch deshalb immer noch ein Erfolgsmodell, weil er den Bedürfnissen von Menschen sehr entgegen kommt, die ihr Leben verbindlich, überschaubar, vorhersehbar, in festen Grenzen und Abläufen und in Anlehnung an traditionelle Werte gestalten wollen. Für sie soll es diesen Gottesdienst geben. Aber was ist mit den anderen?
- *Kontextualisierung des Evangeliums in der Postmoderne:* Wir stehen heute vor einer missionarischen Herausforderung besonderer Qualität, nur dass sie uns nicht mehr im Ausland, sondern in Deutschland selbst, inmitten der Gesellschaft erwartet, zu der wir gehören. Bestimmte traditionsorientierte Milieus sind über Jahrhunderte christlich geprägt worden. Das macht die, die sie bewohnen, nicht automatisch zu Christen oder zu besseren Christen. Daneben gibt es neuere Milieus, die vom Evangelium noch nicht geprägt sind. Kirche und Christen haben sie vielfach noch nicht einmal entdeckt oder oft als defizitäre Lebenswelten – natürlich gemessen an den Maßstäben des eigenen Milieus – abqualifiziert. Fakt ist: Es gibt christianisierte und es gibt a-christliche Milieus. A-christlich bedeutet aber nicht automatisch anti-christlich. Es bedeutet nur, dass diese kulturellen Ansätze bisher noch keine oder kaum intensivere Berührungen mit dem Evangelium gehabt haben. Das zeigt sich etwa daran, dass viele Menschen in der Kirche nicht bereit waren zu glauben, dass die Punkerin Nina Hagen eine Konversion zu einem lebendigen christlichen Glauben erlebt hat. Kann das sein, dass man Punk ist und zugleich Christ? Genau auf solche Prozesse, Prägungen, Anbahnungen kommt es aber an.

- *Milieuanalyse und fresh expressions of church bedingen einander*: Wenn uns die Milieuforschung unterschiedliche Lebenswelten zeigt, dann ist es einfach milieulogisch, danach zu fragen, wie denn die jeweiligen Formate von Kirche für diese Milieus aussehen. Das gilt umso mehr, wenn wir sehen, dass auch die vorhandenen Gemeinden und Gemeinschaften soziologisch gesehen Milieukirchen sind. *Fresh expressions* zeichnen sich dadurch aus, dass sie zur Lebenswelt der Menschen der verschiedenen Milieus passen, die sie kirchlich beheimaten wollen: Kirche im Café, in der Kneipe, der Hauskreis als meine Kirche, der Jugendkreis, -treff, die regelmäßige Retraite im Kloster … Die Möglichkeiten sind unüberschaubar. Vieles davon gibt es schon. Es wartet nur darauf, von uns unterstützt, als „Kirche" gewürdigt und begleitet zu werden.
- *Teilnahme an der Lebenswelt als Botschaft!* Dabei ist mit Marshall McLuhan das Medium selbst die Botschaft[26]: Kirche zwängt den Menschen nicht einen bestimmten Lebensstil, eine bestimmte Verhaltensweise auf, sondern kommt ihnen entgegen, in ihre Lebenswelt; sie nimmt Anteil an der Weise, wie Menschen leben, und zeigt Interesse an ihnen, indem sie unter ihnen ist. Diese Zuwendung ist als solche schon die Botschaft unbedingter Annahme und deren Verkörperung.
- *Eröffnung von Handlungsoptionen:* Die Sinus-Studien demonstrieren uns in sehr anschaulicher Weise nicht nur, wie unterschiedlich Milieus sind, sondern auch wie die einzelnen Lebenswelten aussehen. Damit eröffnen sie zuallererst Handlungsoptionen. Sie helfen uns, Angebote zu spezifizieren. Wir machen dann nicht mehr „die Jugendstunde", sondern Veranstaltungen für Jugendliche, die einer bestimmten Lebenswelt zugehören. Wir planen nicht mehr Motorradgottesdienste, sondern fragen, ob wir uns an junge Racer wenden, an etablierte Cruiser oder hedonistische Rocker.

---

[26] Die magischen Kanäle. Understanding Media, Düsseldorf/Wien 1968 (im Original zuerst: Understanding Media. The Extensions of Man, London/New York 1964).

- *Den „blinden Fleck" identifizieren:* Wir lernen uns selbst als engagierte Kirchenmitglieder besser sehen und einschätzen. Auch unsere Prägung ist nur eine Prägung. Auch unser Bild von Kirche ist nur ein Bild. Die Kirche, die wir erstreben und bauen wollen, beruht auf Vorstellungen, die in einer langen Geschichte gewachsen und dann selbstverständlich geworden sind. Sie haben Bedeutung, aber eben nur eine bedingte, und wir müssen – vielleicht schmerzlich und unangenehm berührt – einsehen, dass unser kulturell und geschichtlich bedingtes Bild von Kirche nicht identisch ist mit „der Kirche".

„Jede Kultur, einschliesslich unserer eigenen, braucht die verändernde Herausforderung des Evangeliums."[27]

- *Sich selber über die Schulter sehen:* Wir lernen kennen und sehen, was Psychologen „Eigengruppenbevorzugung" nennen. Damit ist das Phänomen angesprochen, dass „die anderen" aus der Warte der eigenen Gruppe immer schlechter sind; dass ihr anderes Verhalten Abweichen von der Norm bedeutet, die in Wahrheit unsere Norm ist, damit aber noch nicht unbedingt die Norm, die gilt.
- *Inklusion und Exklusion:* Warum ist es so schwierig, einladende Gemeinde zu sein? Sinus-Milieus und microm-Geo-Milieus® helfen uns, einen blinden Fleck in der Eigenwahrnehmung zu identifizieren: Gemeinde vor Ort ist bei allen Spannungen eine *Gruppe Gleich Gesinnter*. In ihr gibt es immer ein dominantes Milieu. Das kann unterschiedlich sein, aber es hat immer inkludierende und zugleich exkludierende Wirkung: Menschen glucken zusammen, und zwar nach dem Grundsatz: Gleich und Gleich gesellt sich gern. Und je mehr die einen sich daheim fühlen, weil sie ihr Zusammenleben nach ihren Vorstellungen und Einstellungen, Wünschen und Erwar-

---

[27] Mission bringt Gemeinde in Form: Gemeindepflanzungen und neue Ausdrucksformen gemeindlichen Lebens in einem sich wandelnden Kontext, Neukirchen-Vluyn 2006, dt. Ausg. von Mission-shaped Church. Church planting and fresh expressions of church in a changing context, London 2004, hrsg. von Michael Herbst.

tungen gestalten, umso mehr fühlen sich die anderen ausgeschlossen. Je mehr sich die einen wohlfühlen, umso mehr wissen andere, dass sie nicht dazugehören – auch wenn das Gegenteil gesagt wird. Wer wirklich und nicht nur dem Namen und Anspruch nach „offene“, „einladende“ Gemeinden will, findet hier genügend Möglichkeiten und Material, um sich abzuarbeiten.

- *Kirche neu und anders denken!* Milieuforschung lässt fragen: Was ist eigentlich Kirche? Was macht Kirche aus? Kirche – nur – am Ort? Kirche – auch virtuell? Kirche – bei Gelegenheit? Kirche – auf Probe? Kirche – auf Zeit? Wenn wir versuchen, Erkenntnisse der Milieuforschung umzusetzen, sehen wir uns unversehens fundamental herausgefordert, aber auch unversehens bereichert: Wenn es also offenbar prinzipiell unterschiedliche Gestalten von Kirche gibt, was gehört denn dann zur Kirche? Was macht denn dann den vollgültigen, richtigen, evangelischen Glauben aus? Die Gottesdienstzeit am Sonntag? – Wohl nicht. Die Kirche als Versammlungsort? – Was spricht gegen das Gemeindehaus, die Kirche im Grünen? Die Gewähr der Dauer? – Aber wie lang ist lang genug? Gibt es nicht auch die Freizeit- und die Campinggemeinde? Die evangelischen Bekenntnisse sagen in aller Klarheit, dass die Versammlung der Heiligen da ist, wo das Wort Gottes kommuniziert wird, in Wort oder im Wortzeichen (CA VII). Das eröffnet einen riesigen Freiraum. Wir dürfen Kirche neu entdecken, Kirche kreativ konstruieren, uns an ihrem unerwarteten Reichtum freuen.
- *Milieudiversifizierung als Bereicherung:* Milieuforschung kann so für die Kirche nicht nur eine neue Belastung darstellen, sondern eine enorme Bereicherung bedeuten. Kein Milieu, keine Mentalität ist ja mit dem Evangelium identisch. Jedes erschließt das Evangelium noch einmal in einer anderen Weise. In jedem Milieu zeigt das Evangelium noch einmal eine andere Gestalt, leuchtet das Licht des Evangeliums noch einmal anders. Wir können das hier natürlich nur andeuten. Prämodern bedeutet es Zuverlässigkeit, Verlässlichkeit, Wahrhaftigkeit. Postmodern könnte es bedeuten: Pluralität von For-

men, Einzigartigkeit von Lebensvollzügen, die programmatisch den in der Schöpfung angelegten Reichtum abbilden und darauf hinweisen, dass jeder Mensch ein einzigartiger, individueller Gedanke Gottes ist. Modern haben wir als Protestanten schon sehr gelernt, Freiheit als evangelischen Zentralwert herauszuarbeiten und durchzubuchstabieren. Die Milieus könnten, so eine bislang nur mündlich geäußerte Anregung des Greifswalder Praktischen Theologen Michael Herbst, im Sinne der neutestamentlichen Charismenlehre, Kirche jeweils bereichern, indem sie ihre spezielle Begabung, ihre jeweilige Erschließung des Evangeliums in sie einbringen. Das 1Kor 12 aufnehmende Bild der unterschiedlichen Begabungen ruft aber eben auch das Bild der Einheit der in sich verschiedenen Kirche auf. Kirche findet da ihre Einheit, wo sich ihre Glieder in gegenseitigem Respekt und im Wissen um die von dem gemeinsamen Herrn gegebenen Gaben und Prägungen begegnen. 1Kor 12 weiß aber nicht nur von Vielfalt und Einheit, sondern auch von gegenseitiger Ergänzung und Korrektur. Wir profitieren von der Milieuperspektive, wo sich Einseitigkeiten und Absolutsetzungen gegenseitig korrigieren und wo Christen aus den unterschiedlichen Milieus sich als Lerngemeinschaft gegenseitig befruchten können. Die Milieuorientierung stört die Einheit der Kirche nicht nur, sie kann sie auch bereichern. Dafür bedarf es freilich des Willens, voneinander zu lernen, einer den andern höher zu achten als sich selbst (Phil 2,3).

- *Fokus mittlere Ebene:* Lebensweltorientierung lenkt den Fokus auf die mittlere Ebene von Kirchenleitung. Der Kirchenbezirk bekommt zusätzliche Bedeutung: Hier organisiert man die Zusammenarbeit im Team, hier passiert gaben- und aufgabenorientierte Delegation, hier verabredet man arbeitsteilige Kooperation. Der Diversität von Milieus in der Kirche können die einzelnen Kirchengemeinden nicht gerecht werden. Sie wären damit überfordert, sich jetzt allen Milieus auf einmal zu stellen. Sie können aber spezielle Delegationen wahrnehmen, die sich aus einem abgestimmten Zusammenspiel ergeben, das auf der Ebene Dekan/-innen bzw. Superintendent/-innen moderiert wird.

Wer die Region überschaut, hat einen Überblick über Ressourcen, Prägungen und spezielle Herausforderungen. Wir brauchen ein neues Verhältnis und Zusammenspiel von parochialer und regionaler Ebene.

- *Querschnittsaufgaben werden wichtig:* Kirchengemeinden können mit der ihnen eigenen Struktur nur begrenzt der Aufgabe der Milieuüberschreitung gerecht werden. Nicht nur die mittlere Ebene gewinnt an Bedeutung. Auch die oft eher zugestandenen und mühsam „auf Kosten der Gemeindepfarrämter" errungenen Sonderpfarrämter, Querschnittsaufgaben, freien Werke etc. werden in ihrer Relevanz identifizierbar. Sie können Kirche repräsentieren und Kirche bauen in Kontexten, zu denen die normalen Gemeindepfarrämter eher nicht oder nur am Rande Zugang haben. Setzt man die Milieubrille auf, ist es konsequent, solche Aufgaben und Funktionen nicht zur Streichmasse finanziell gebotener Stellenkürzungen zu machen. Der sozialen und mentalen Diversifizierung müssten wir eigentlich durch eine Stärkung von solcherlei Positionen entsprechen, durch die wir qualifiziert in die entsprechenden Milieus und Submilieus hineinreichen und dort Brückenköpfe bauen.

2. ... und wo wir aufpassen müssen

Es gibt freilich auch einige relativierende Gesichtspunkte, die unsere besondere Aufmerksamkeit verlangen:

- *Die Defizitperspektive nicht dominieren lassen.* So sehr das Sinus-Milieumodell, wie andere Ansätze sozialer und mentaler Unterschiedlichkeit auch, Sehhilfe ist; so sehr es hilft, wahrzunehmen, wie wenig Menschen die Kirche, im Gegensatz zum eigenen Anspruch, erreicht, so wichtig ist es, genau eine solche Defizitperspektive nicht dominieren zu lassen. Klar ist ja zunächst einmal, dass die Kirche in einem bestimmten Segment überaus erfolgreich arbeitet und sehr gute Arbeit leistet. Dem parochialen Netz kommt darüber hinaus eine unübertroffene Versorgungsstruktur zu. Es ist enorm, was die Kirchen hier an Flächendeckung trotz knapper werdender Ressourcen leisten. Wir dürfen das, was ist, nicht schlechtreden. Wir müssen aber so ansetzen, dass wir offen werden für Ergänzungen eines Erfolgsmodells, die heute einfach notwendig sind.

- *Die Gesellschaft ist unübersichtlich geworden.* Und die Kirche ist wie die Gesellschaft, in der sie lebt und deren Lebensumstände sie teilt, fragmentiert und segmentiert. Bedeutet Milieuüberschreitung nicht, diese Fragmentierung und Segmentierung in die Kirche hineinzutragen? Wo bleibt ihre Einheit, wenn sie jedes Milieu berücksichtigt und es dann nicht nur einen Gottesdienst, sondern ganz viele gibt? Tatsache ist, dass die theologisch zu recht beschworene Einheit auch ohne Milieudiversifizierung nicht besteht. Kirche ist ja bereits aufgeteilt in verschiedene Milieus. Ihre Mitglieder leben ja bereits in unterschiedlichen Lebenswelten. Die Frage ist lediglich, ob wir ihnen in ihre Milieus folgen und sie dort mit dem Evangelium aufsuchen. In der Tat sind wir ganz neu herausgefordert, Kirche als Gemeinschaft zu verstehen und zu organisieren, wenn wir uns für andere als die *traditionellen* Formate öffnen. Ein Modell wäre es, sich gegenseitig zu unterstützen: Die Parochie bildet die stabile Trägerstruktur. Sie segnet und unterstützt betend und spendend die alternativen, ergänzenden Formate, die in anderen Lebenswelten Kirche bauen und darstellen.
- *Kirche als Funktionseinheit.* Ein anderes Modell könnte sein, bei aller Diversifizierung in den Gestalten regelmäßig gemeinsam zur Anbetung des gemeinsamen, lebendigen Gottes zusammenzukommen, in einem gemeinsamen Fest sind dann die unterschiedlichen Prägungen, Stile, Gestalten präsent und bilden gemeinsam miteinander den Reichtum des Leibes Christi ab. Dabei kann eine Milieutoleranz wachsen, die doch besonderes Merkmal der Kinder Gottes sein müsste, nicht nur der Mitglieder des Deutschen Fußballbundes (vgl. den bemerkenswerten Integrationsspot[28]).

---

28 http://www.youtube.com/watch?v=T3m4c8j780E, Zugriff am 04.07.2012.

- *Wie kann Milieuüberschreitung gelingen?* Sie ist ja in jedem Fall ein mühsames Geschäft. Kann das denn jede(r), ohne sich aufzugeben und nicht mehr authentisch zu sein? Ist das wirklich jedermanns Sache und Aufgabe? Müssen das die Pfarrer/-innen auch noch leisten? Können sie das mit ihrer Ausbildung? Müssen wir hier nicht unseren Blick weiten und etwa auf Menschen zugehen, die ohnehin in den entsprechenden Lebenszusammenhängen beheimatet sind?
- *Milieuspreizung oder Milieuvermischung?* Wir wissen alle: Viele Köche verderben den Brei. Es besteht die Gefahr, dass jemand aus der Analyse nicht die Konsequenz ableitet: „Für jedes Milieu ein Gottesdienst, eine Milieukirche", sondern im Gegenteil fordert: „Um der Einheit willen müssen nun nach Möglichkeit alle Milieus in einem Gottesdienst präsent sein." Das Resultat ist wahrscheinlich: Das schmeckt niemandem mehr. Und das wäre tragisch: Die, die man zusätzlich erreichen will, kommen (noch) nicht, und die, die mal kamen, kommen nicht mehr. Anstelle von Milieumischung legt sich freilich eine behutsame Milieuspreizung nahe. Die Übergänge zwischen den Lebenswelten sind durchlässig. Es gibt Berührungen und Überschneidungen. Mit „Exklusivität", exklusiven Rahmungen und akademischen High Potentials kann man die *Konservativ-etablierten* und die *Performer* erreichen; mit dem Überschreiten von Grenzen kann man die *Expeditiven* und die *Experimentellen* locken, und ein Angebot für die Familie kann man so gestalten, dass es Angehörige aus allen drei Mitte-Milieus anspricht.
- *Die Sinus-Milieus und die microm-Geo-Milieus® sind kein Allheilmittel.* Sie ersetzen nicht die Liebe, die notwendig ist, um sich von der herkömmlichen Komm-Struktur zu lösen, wirklich hinzugehen und sich einzulassen auf Menschen, die so ganz anders sind als ich.

3. Was können wir praktisch mit dem Milieuansatz anfangen? – Ein Blick in den sich füllenden Werkzeugkoffer

Wir wollen nun sozusagen den Werkzeugkoffer öffnen und in einem Überblick über die Anwendungsmöglichkeiten des lebensweltorientierten Ansatzes kurz verschiedene der Instrumente anschauen.[29] Diese Handwerkzeuge gehen vom Ansatz her top-down vor. Sie richten sich in erster Linie an kirchliche Mitarbeiter in gemeinde- oder kirchenleitender Verantwortung. Das kann angesichts der vorgegebenen Struktur des Zusammenhanges, in dem wir uns bewegen, auch nicht anders sein. Die Instrumente setzen trotzdem vielfältig auf möglichst frühe Partizipation. So ist bei den meisten Verfahren, etwa wenn es um Datenerhebung geht (vgl. etwa Mükke), eine Beteiligung der Gemeinde oder gar Dritter möglich, sinnvoll, ja sogar wünschenswert.

Ich möchte mehrere Bereiche unterscheiden:

3.1 Instrumente für Analyse und Prognose

1. Mentalitäten-Deklination: als Hilfe für eine erste Sensibilisierung hinsichtlich fundamentaler mentaler Unterschiede.
2. microm-Geo-Daten: raumbezogene Milieuverteilung in der Kirchengemeinde, im Distrikt, im Kirchenbezirk, in der Region: im Vergleich. Wo gibt es Milieukonzentrationen? Was für eine „Persönlichkeit" zeigt eine Kirchengemeinde im Vergleich zu anderen? Wo wären evtl. Schwerpunktsetzungen sinnvoll?
3. Mükke: Milieuübergreifendes kirchliches Handeln, basiert auf kirchendemografischen Erhebungen: Integration der Milieuperspektive

---

[29] In den gemeinsam von Evangelischer Kirche in Baden und Evangelischer Landeskirche in Württemberg veranstalteten Fortbildungsangeboten werden die Anwendungsprinzipien detailliert vorgestellt und, z.T. exemplarisch, eingeübt.

in ein dreidimensionales Bild der gesellschaftlichen Wirklichkeit (demografische Daten, Milieudaten, Daten des kirchlichen Lebens).

4. Milieu-Regio-Trend®: raumbezogene Prognose: Wie werden sich in den nächsten 15 Jahren die Anteile der Milieus bezogen auf einen konkreten geografischen Raum darstellen? Was nimmt ab, was nimmt zu? Wie können wir uns darauf einstellen? Integration in das Mükke-Modell, das ebenfalls die kirchensoziologischen Daten zu erwartetem Kirchenmitgliedschaftsverhalten berücksichtigt.

3.2 Instrumente für Bildung, Mission und Kommunikation

5. *Kurse zum Glauben:* milieusensible und milieudifferenzierte Angebote von Glaubens-, Bibel- und Theologiekursen auf der Basis regionaler Zusammenarbeit. Mit verschiedenen Glaubenskursen können wir gezielt unterschiedliche Prägungen und Milieus ansprechen. Die Umgebung wie die Inhalte der Glaubenskurse werden entsprechend dem Milieuprofil gestaltet (vgl. Kap. IX, S. 161f.)
6. *Milieuüberschreitung:* Überwindung der Milieugrenzen ist nur das letzte Ziel kirchlichen Handelns vor Ort oder in der Region. Erste, vorangehende Stufen sind:
   - Milieuaufklärung im Kontext etwa des dreidimensionalen Mükke-Modells: In welchen sozialen und mentalen, wirtschaftlichen und religiösen Zusammenhängen leben wir?
   - Milieuverortung: Welche Milieus dominieren das gegebene kirchliche Leben?
   - Milieufokussierung: Welche wollen wir erreichen, und welche nicht?
   - Milieuspreizung: Für welche benachbarten Milieus kann sich eine Gemeinde ohne große Mühe ansatzweise und punktuell öffnen?

- Milieutoleranz: die eigene Milieuprägung identifizieren und sich immer mehr für andere öffnen, ohne zu werten.
- Milieuerschließung: etwa über Menschen, die zur Kirchengemeinde und „gemeindefremden" Milieus gehören und als Brücken fungieren können.

7. *Partizipationschancen eröffnen:* Jedes Milieu hat sein eigenes „Idealbild" von Kirche und – seiner Lebensweltlogik entsprechend – auch Partizipationserwartungen. Kirchengemeinden und -bezirke können milieudifferenziert Chancen der Teilnahme am kirchlichen Leben eröffnen, die der Lebensweise der verschiedenen Milieus entsprechen. Die Bilder von Kirche und die – impliziten – Erwartungen an mögliche Weisen der Mitwirkung gilt es zunächst einmal zu erkunden und dann abzugleichen mit dem, was Kirche und Kirchengemeinden an Partizipation bieten. Die anglikanische Kirche hat die Erfahrung gemacht: *belonging before believing!* Eine scheinbar äußerliche Teilnahme an Kirche kann ein Schritt hin zum Glauben oder in ein vertieftes Gottesverhältnis sein.
8. *Milieusensible Kommunikation und milieudifferenzierter Medieneinsatz:* Kommunikation muss andocken können in einer immer spezifischeren Lebenswelt; Inhalte kommen nur über spezifische Medien zu den Bewohnern einer Lebenswelt. Viele sehen heute nicht mehr fern; sehr viele lesen keine Bücher mehr; viele haben keinen Zugang zum Internet. Umgekehrt ist ein milieuspezifischer, ressourcenschonender Umgang zu unterschiedlichen Zielgruppen möglich. Das hat Konsequenzen etwa für Gemeindebriefe, Homepages und den Auftritt in den öffentlichen Medien. Was wäre gewonnen, wenn Gemeindebriefe nicht eine einseitige Milieuprägung spiegeln würden, sondern eine Bandbreite an Zielgruppen, die erreicht werden? Und dabei geht es nicht nur um „Alte und Junge", „Männer und Frauen", sondern eben um bestimmte, teilweise sehr differente Welten, in denen sich Junge und Alte, Männer und Frauen jeweils bewegen.

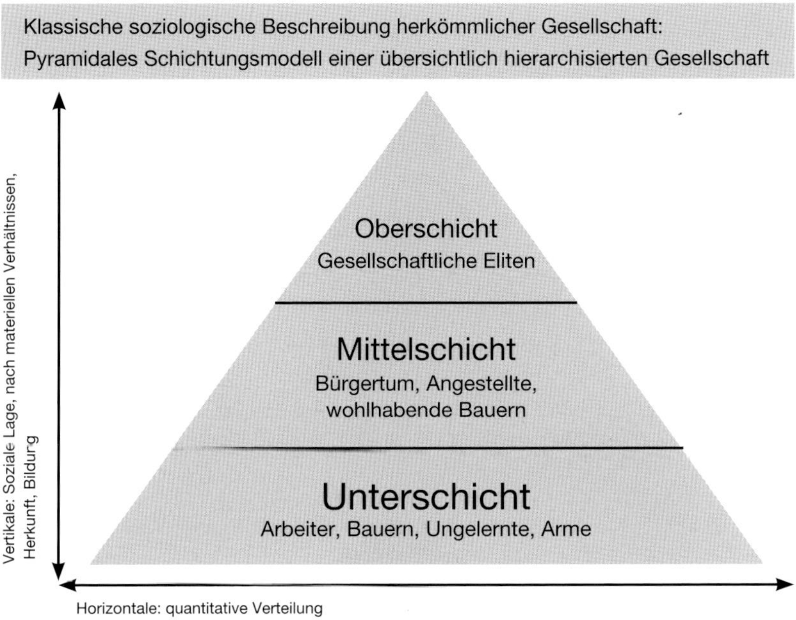

→ Abb. 1: Das Pyramidenmodell: klassische soziologische Beschreibung einer herkömmlichen, übersichtlich hierarchisierten Gesellschaft · © Heinzpeter Hempelmann

Bildung			
12 Abitur und Universität	Selbstverwirklichungsmilieu	Niveaumilieu	12
11 Abitur und Fachhochschule/Lehre			11
10 Abitur ohne Zusatzausbildung			10
9 Fachabitur und Fachhochschule			9
8 Fachabitur und Lehre			8
7 Mittlere Reife und berufsbildende Schule		Integrationsmilieu	7
6 Mittlere Reife und Lehre	Unterhaltungsmilieu		6
5 Mittlere Reife ohne Zusatzausbildung			5
4 Hauptschule und berufsbildende Schule		Harmoniemilieu	4
3 Qualifiz. Hauptschulabschluß und Lehre			3
2 Einfacher Hauptschulabschluß und Lehre			2
1 Hauptschule ohne Lehre/ohne Abschluß			1

Alter

20 30 40 50 60 70 Jahre

→ Abb. 2: Milieus nach Gerhard Schulze, Erlebnisgesellschaft
Aus: Gerhard Schulze, Die Erlebnisgesellschaft, Frankfurt a.M.: Campus Verlag, ²2005, S. 279

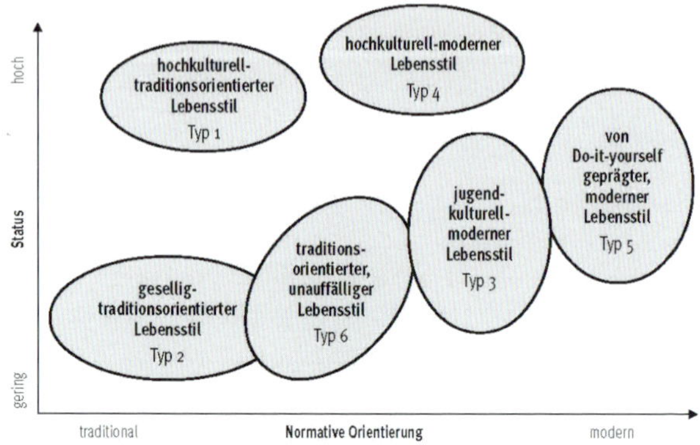

→ Abb. 3: Sechs Lebensstile nach KMU IV (Lebensstil und sozialer Raum)
Aus: Weltsichten, Kirchenbindung, Lebensstile: Vierte EKD-Erhebung über Kirchenmitgliedschaft, S. 62

Mentalität	Prämoderne	Moderne	Postmoderne
zentraler Focus auf	*Traditionsorientierung*	*(kritische) Rationalität*	*Pluralismus/ Vielfalt*
kritische Akzentuierung als ...	*Fundamentalismus („Aberglaube“)*	*Kritizismus, Skeptizismus („Unglaube“)*	*Relativismus (anything goes)*
Exemplarische weltanschau-lich-religiöse Zuordnung	*Fundamantalistische Christen* *Fundamentalistische Muslime*	*Agnostiker* *Atheisten* *Naturalisten* *Moderner Protestantismus*	*Pluralisten* *Relativisten* *Hedonisten* *Esoteriker* *Vertreter einer freien Spiritualität*
Wahrheits-konzepte	*Es gibt nur eine Wahrheit* *Es ist klar, was die Wahrheit ist* *Um sie kann man eigentlich nicht, für sie muß man natürlich streiten.*	*Es gibt nur eine Wahrheit. Es gibt aber verschiedene Wahrheitsansprüche. Es ist nicht klar, was die Wahrheit ist.* *Wir müssen um die Wahrheit, die niemand „hat“, ringen.*	*Es gibt Wahrheit, aber doch nicht nur eine.* *Jedes Individuum hat seine Wahrheit; jedes ist sich seine Wahrheit; jedes hat das Recht auf seine eigene Wahrheit.* *Ein Ringen um die Wahrheit ist überflüssig.*

→ Abb. 4: Das Miteinander der Basismentalitäten · © Heinzpeter Hempelmann

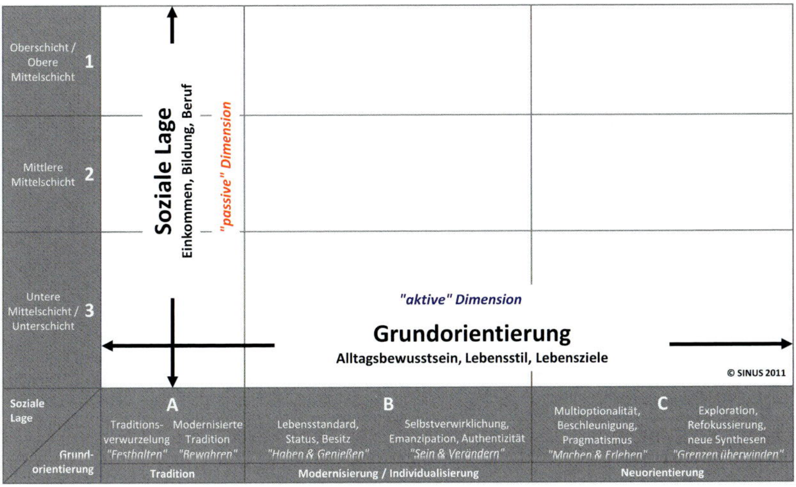

→ Abb. 5: Das Positionierungsmodell von Sinus · © SINUS Sociovison 2008

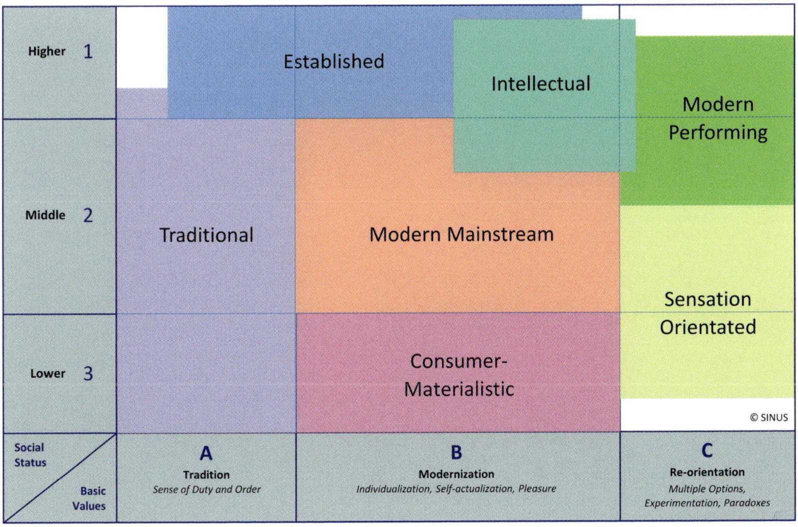

→ Abb. 6: Die Sinus Meta-Milieus · © SINUS Sociovison

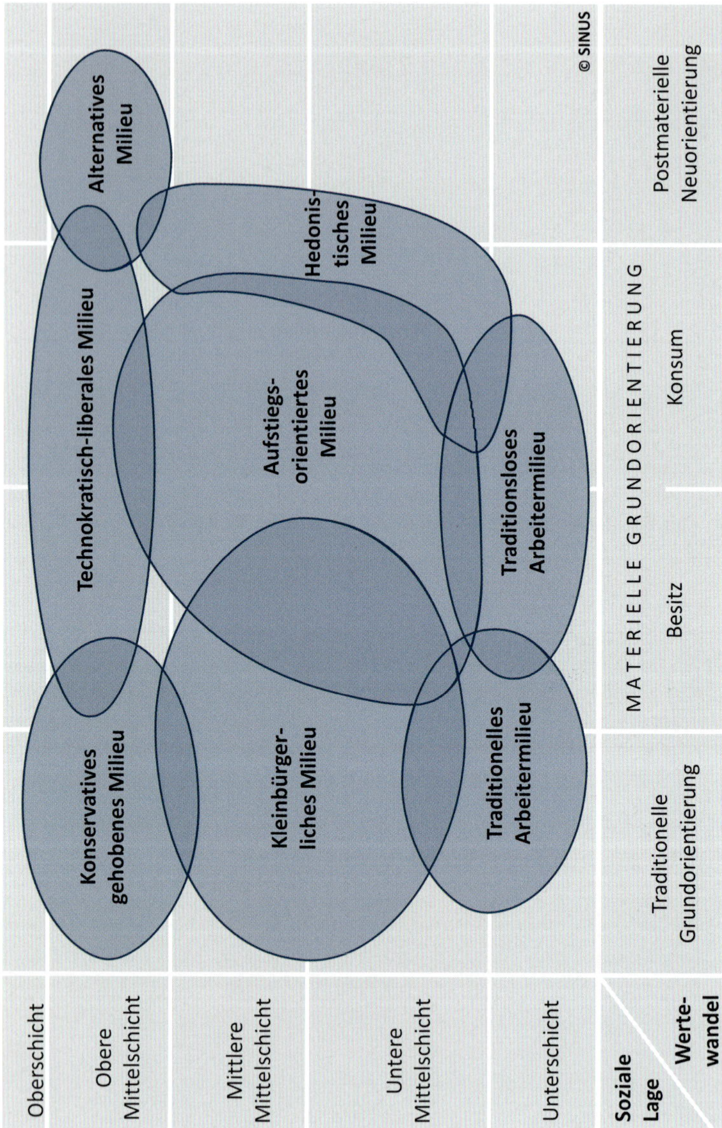

→ Abb. 7: Die Milieulandschaft der 80er-Jahre · © SINUS Sociovision 2011

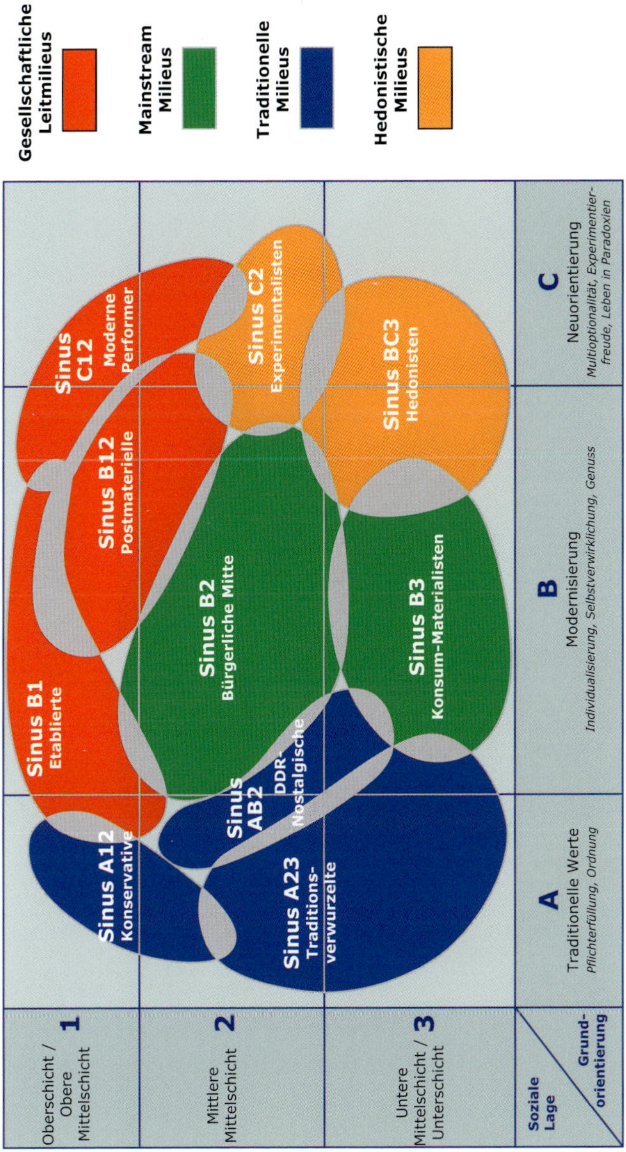

→ Abb. 8: Die Sinus-Milieus 2001 · © Sinus Sociovision 2001

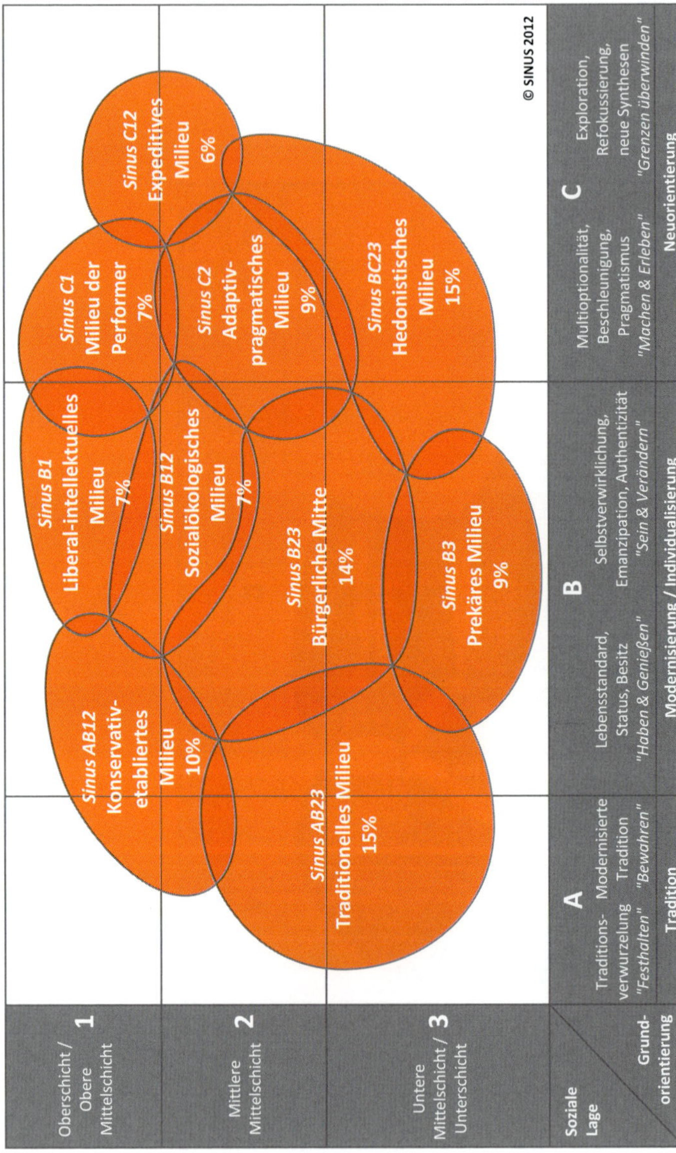

→ Abb. 9: Die Sinus-Milieus 2010 · © SINUS Sociovision 2012

Sozial gehobene Milieus	
Konservativ-etabliertes Milieu 10%	Das klassische Establishment: Verantwortungs- und Erfolgsethik; Exklusivitäts- und Führungsansprüche; Standesbewusstsein, Entre-nous-Abgrenzung
Liberal-intellektuelles Milieu 7%	Die aufgeklärte Bildungselite: liberale Grundhaltung und postmaterielle Wurzeln; Wunsch nach selbstbestimmtem Leben, vielfältige intellektuelle Interessen
Milieu der Performer 7%	Die multi-optionale, effizienzorientierte Leistungselite: global-ökonomisches Denken; Konsum- und Stil-Avantgarde; hohe IT- und Multimedia-Kompetenz
Expeditives Milieu 6%	Die ambitionierte und kreative Avantgarde: mental und geografisch mobil, online und offline vernetzt und auf der Suche nach neuen Grenzen und neuen Lösungen
Milieus der Mitte	
Bürgerliche Mitte 14%	Der leistungs- und anpassungsbereite bürgerliche Mainstream: generelle Bejahung der gesellschaftlichen Ordnung: Wunsch nach beruflicher und sozialer Etablierung, nach gesicherten und harmonischen Verhältnissen
Adaptiv-pragmatisches Milieu 9%	Die moderne junge Mitte unserer Gesellschaft mit ausgeprägtem Lebenspragmatismus und Nutzenkalkül: Zielstrebig und kompromissbereit, hedonistisch und konventionell, flexibel und sicherheitsorientiert, starkes Bedürfnis nach Verankerung und Zugehörigkeit
Sozialökologisches Milieu 7%	Konsum kritisches/-bewusstes Milieu mit normativen Vorstellungen vom „richtigen" Leben: Ausgeprägtes ökologisches und soziales Gewissen, Globalisierungs-Skeptiker, Bannerträger von Political Correctness und Diversity
Milieus der unteren Mitte/Unterschicht	
Traditionelles Milieu 15%	Die Sicherheit und Ordnung liebende Kriegs-/Nachkriegsgeneration: Verhaftet in der alten kleinbürgerlichen Welt bzw. in der traditionellen Arbeiterkultur, Sparsamkeit, Konformismus und Anpassung an die Notwendigkeiten
Prekäres Milieu 9%	Die um Orientierung und Teilhabe bemühte Unterschicht mit starken Zukunftsängsten und Ressentiments: Häufung sozialer Benachteiligungen, geringe Aufstiegsperspektiven, reaktive Grundhaltung; bemüht, Anschluss zu halten an die Konsumstandards der breiten Mitte
Hedonistisches Milieu 15%	Die spaß- und erlebnisorientierte moderne Unterschicht/untere Mittelschicht: Leben im Hier und jetzt, Verweigerung von Konventionen und Verhaltenserwartungen der Leistungsgesellschaft

→ Abb. 10: Kurzcharakteristiken der 10 Milieus 2010

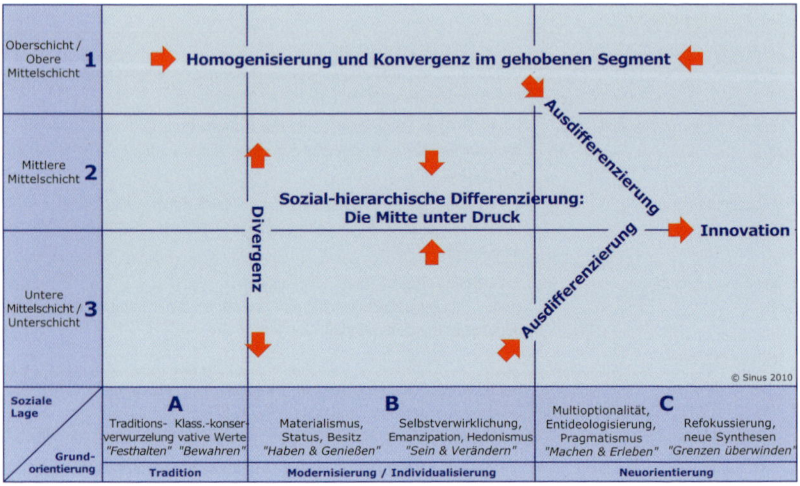

→ Abb. 11: Erkennbare Bewegungen in der Milieulandschaft · © Sinus Sociovision 2010

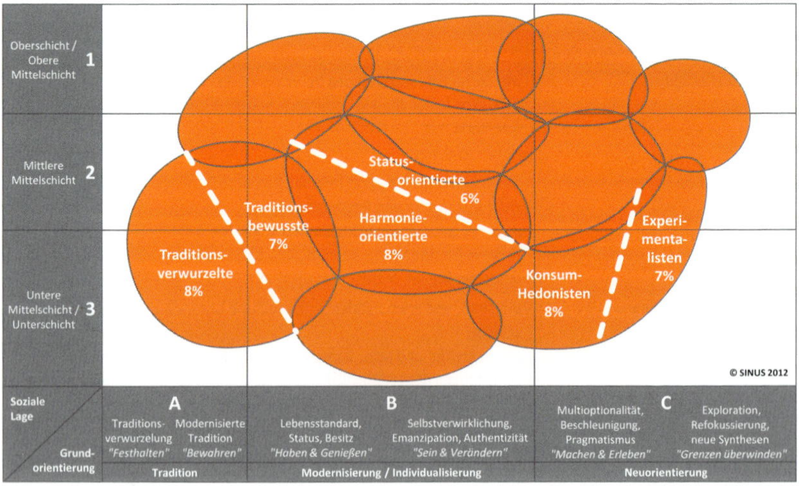

→ Abb. 12: Die Subdifferenzierungen in den Sinus-Milieus
© Sinus Sociovision und microm 2011

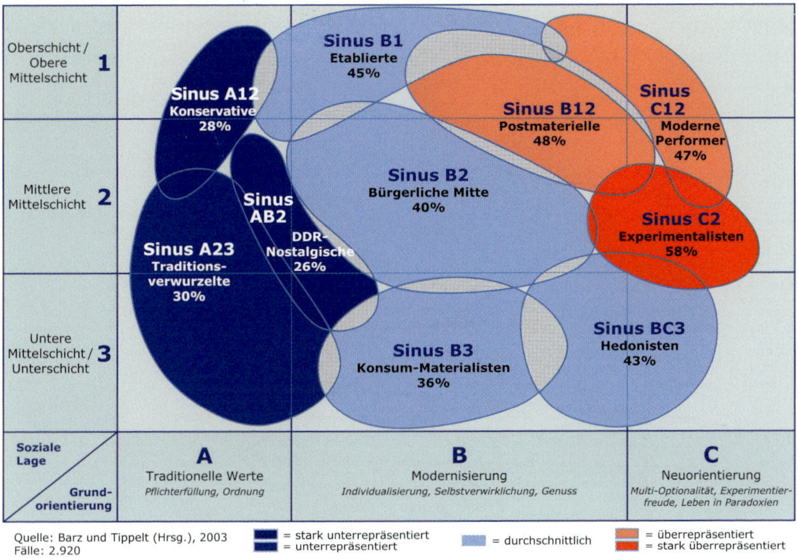

→ Abb. 13: Milieuspezifische Teilnahmequoten an allgemeiner Weiterbildung (nach Barz/Tippelt, 2003) · © SINUS Sociovision 2010

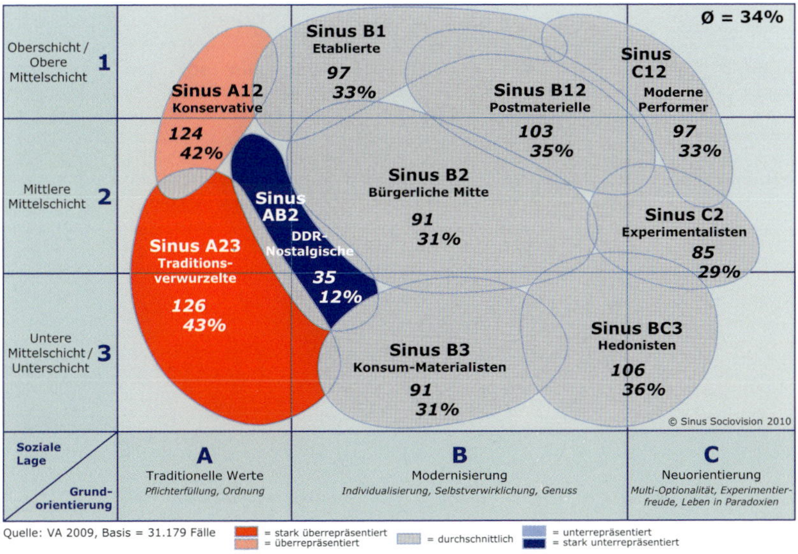

→ Abb. 14: Anteil der Katholiken im Milieu · © SINUS Sociovision 2010

X

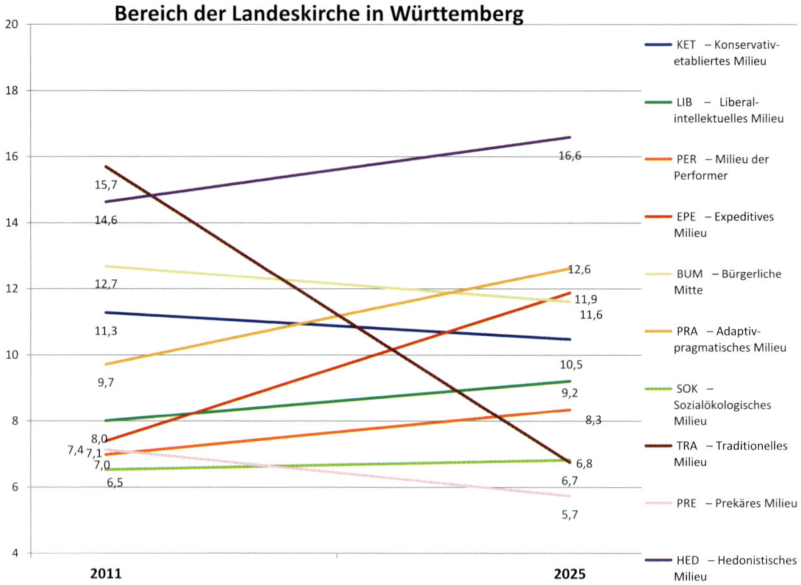

Region		KET	LIB	PER	EPE	BUM	PRA	SOK	TRA	PRE	HED
Baden	**2011**	11,0	7,6	6,9	7,3	12,9	9,4	6,5	15,6	7,5	14,0
	2025	10,4	8,1	8,0	11,2	12,3	13,0	7,1	6,6	6,3	17,1
Württemberg	**2011**	11,3	8,0	7,0	7,4	12,7	9,7	6,5	15,7	7,1	14,6
	2025	10,5	9,2	8,3	11,9	11,6	12,6	6,8	6,7	5,7	16,6
Baden-Württemberg	**2011**	11,1	7,8	6,9	7,3	12,8	9,6	6,5	15,7	7,3	14,9
	2025	10,4	8,7	8,2	11,6	11,9	12,8	7,0	6,7	6,0	16,8

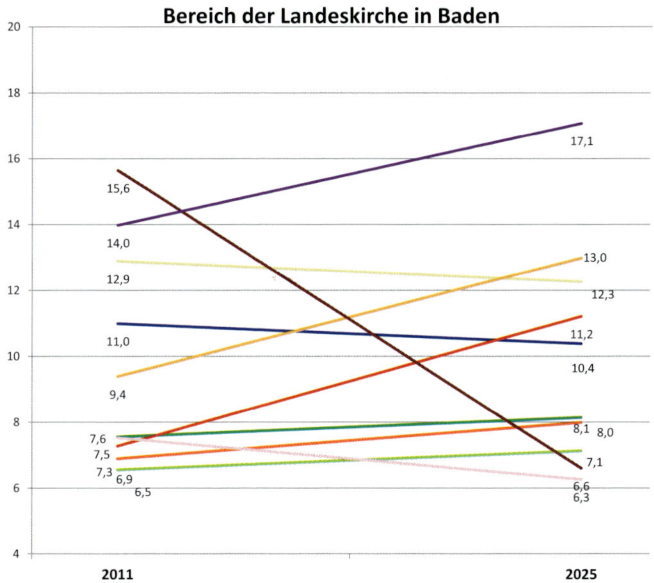

Diff **ekiba** zu BaWü	2011	-0,16	-0,26	-0,05	-0,06	0,11	-0,19	0,01	-0,03	0,23	-0,94
	2025	-0,05	-0,61	-0,20	-0,38	0,37	0,20	0,17	-0,08	0,30	0,28
Diff **elkwue** zu BaWü	2011	0,12	-0,19	-0,04	-0,05	0,08	-0,14	0,01	-0,02	0,17	0,30
	2025	0,04	-0,46	-0,15	-0,29	0,28	0,15	0,13	-0,06	0,23	0,21

→ Abb. 15 + 16: Milieu-Regiotrend® Baden und Württemberg · © microm 2012

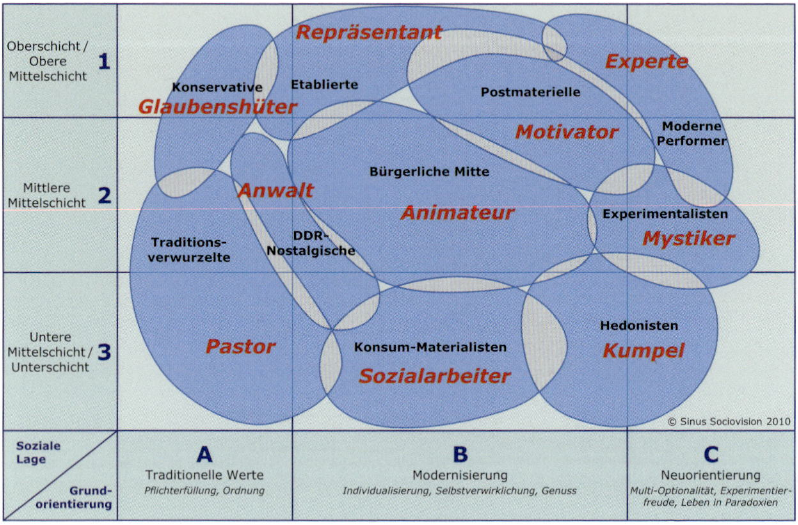

→ Abb. 17: Erwartungen der Milieus an den Priester · © Sinus Sociovision

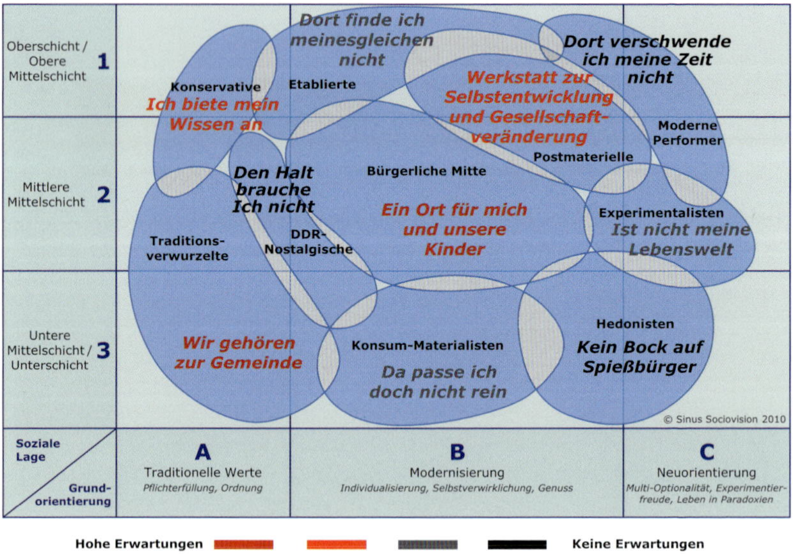

→ Abb. 18: Erwartungen der Milieus an Pfarrgemeinden · © Sinus Sociovision

Milieus und Kirche
Sinus-Milieus und ihre jeweiligen Bilder von und Erwartungen an Kirche

Milieu/Merkmal	Bild von Kirche	Erwartungen an Kirche(ngemeinde)	Erwartungen an den Geistlichen
A12 Konservative	Kirche als Fundament und Garant für Moral, Kultur, Werte	„Ich biete mein Wissen an"	Gebildeter Glaubenshüter
A23 Traditionsverwurzelte	Kirche als Volkskirche	„Wir gehören dazu (zur Gemeinde; Volkskirche)"	Pastor; Hirte als Autoritätsperson
B1 Etablierte	Kirche als Fundus von Hochkultur und als professionelles Unternehmen	„Hier finde ich meinesgleichen nicht"	Repräsentant
B2 Bürgerliche Mitte	Kirche als familiäre Nahwelt	„(Manchmal) ein Ort für mich und unsere Kinder"	Animateur und Entertainer bei dem ich mich wohl fühle
B3 Konsum-Materialisten	Kirche als sozial-diakonischer Rettungsanker	„Da passe ich doch nicht rein"	Sozialarbeiter und Helfer
B12 Postmaterielle	Kirche als Bewegung; Kirche von unten; weltanschaulich, strukturell, sozial offen	Werkstatt zur Selbstentwicklung und Gesellschaftsveränderung	Motivator und Initiator
C12 Moderne Performer	Kirche als virtuelle Basisstation und Dienstleister im Hintergrund	„Dort verschwende ich meine Zeit nicht"	Religiöser Experte
C2 Experimentalisten	Kirche als Raum für exotische Grenz- und alternative spirituelle Sinnerfahrungen	„Das ist nicht meine Lebenswelt"	Mystiker und spiritueller Praktiker
BC3 Hedonisten	eingeschränkt: Kirche als Hilfe für existentielle Lösungen und Neuorientierung (Frauen und ältere Hedonisten)	„Kein Bock auf Spießbürger!"	Wenn überhaupt, dann: Kumpel
AB2 DDR-Nostalgische	Asylkirche der Wendezeit; weltanschaulicher Gegner	„Diesen Halt brauche ich nicht!"	Wenn überhaupt, dann: - Anwalt - Vertreter einer weltanschaulichen Gegnerin

→ Abb. 19: Milieus und Haltung zur Kirche · © Heinzpeter Hempelmann

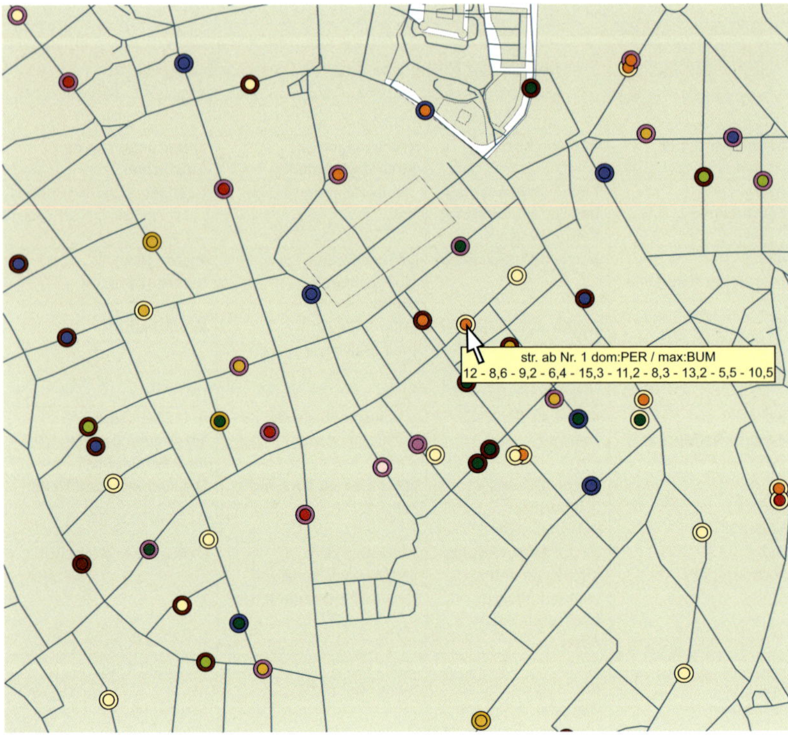

KET	Konservativ-etabliertes Milieu	PRA	Adaptiv-pragmatisches Milieu
LIB	Liberal-intellektuelles Milieu	SOK	Sozialökologisches Milieu
PER	Milieu der Performer	TRA	Traditionelles Milieu
EPE	Expeditives Milieu	PER	Prekäres Milieu
BUM	Bürgerliche Mitte	HED	Hedonistisches Milieu

im äußeren Ring: maximales Milieu
im Zentrum: dominantes Milieu

Prozente der Einzelwahrscheinlichkeiten in der Reihenfolge
KET-LIB-PER-EPE-BUM-PRA-SOK-TRA-PRE-HED

→ Abb. 20: Microm-Geo-Milieu®, exemplarische Karte · microm 2012

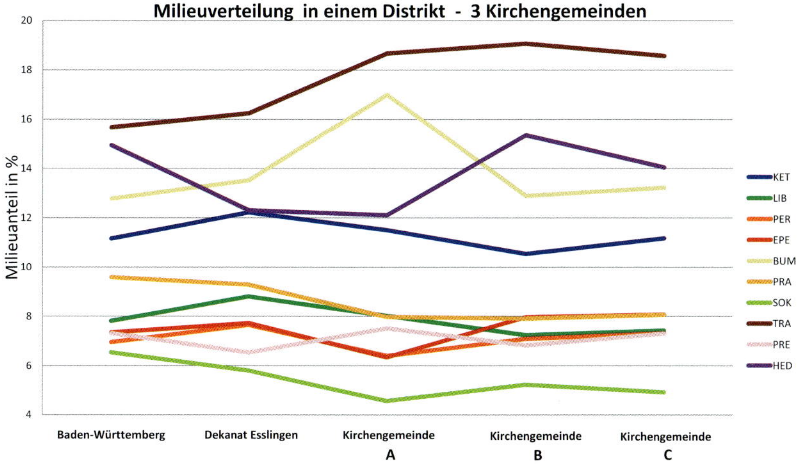

→ Abb. 21: Microm-Geo-Milieu®, Grafik Verteilung Mentalitäten · © microm 2012

Verteilung der Mentalitäten am Beispiel des Dekanats Esslingen/Württemberg

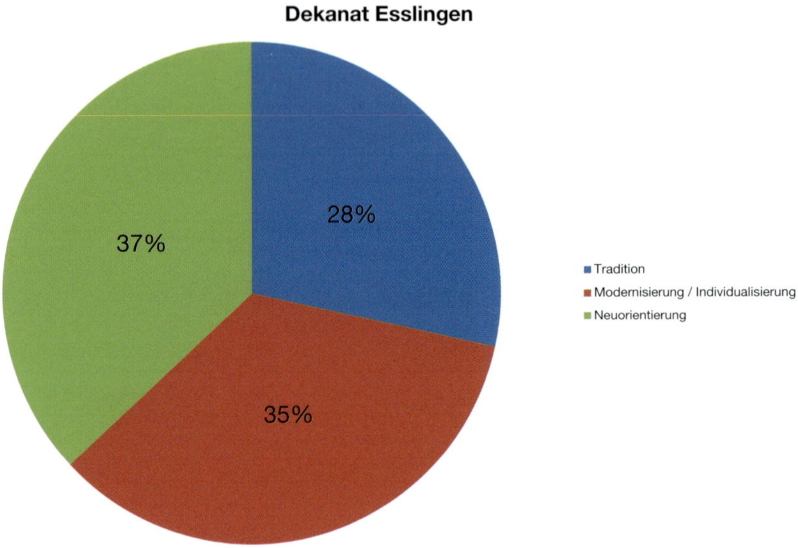

	TRA + KET	LIB + SOK + BUM + PRE	PER +EPE + PRA + HED
	Mentalitäten		
	Tradition	Modernisierung/ Individualisierung	Neuorientierung
Baden-Württemberg	26,8	34,4	38,8
Dekanat Esslingen	28,4	34,6	36,9
Kirchengemeinde 1	30,2	37,1	32,8
Kirchengemeinde 2	29,6	32,2	38,3

→ Abb. 22: Microm-Geo-Milieu®, Grafik Verteilung Mentalitäten

3.3 Pastoraltheologische Instrumente

9. *Personalplanung:* Welche Leute brauchen wir für eine milieusensible, Milieugrenzen überwindende Kirche? Und wo bekommen wir sie her? Eher aus den angestammten Milieus? Wie muss ihre Ausbildung aussehen? Brauchen wir neben Pfarrerinnen und Pfarrern für „Milieuaufgaben" nicht verstärkt auch Diakoninnen und Diakone? Dürfen wir bei der Fixierung auf das Hauptamt und die Hauptamtlichen stehen bleiben? Wir brauchen das akademische Studium für den pfarramtlichen Dienst. Was benötigen wir an ergänzenden Ausbildungsformaten?
10. *Milieusensible Gottesdienste:* (a) Gottesdienstkataster: Mit welchen Veranstaltungen sprechen wir wann wo wen an? (b) Milieufokussierte und milieusensibilisierte Gottesdienste: Wie können wir die Menschen, die wir erreichen bzw. erreichen wollen, noch besser ansprechen?
11. *Milieusensibles Taufkasual:* Wie können wir mit Tauffamilien milieudifferenziert umgehen, sie milieusensibel begleiten, eigene Erfahrungen verstehen und verarbeiten. (Prinzipiell ist Ausdehnung auf andere Kasualien, auf Trauung und Bestattung, möglich und sinnvoll.) In Zusammenarbeit von *ZMiR* und *church convention* entsteht zurzeit ein milieusensibles Taufmanual, das die Einsichten der Milieuforschung exemplarisch auf die Taufe anwendet.
12. *Kirche am anderen Ort:* Wenn Kirche bei den Menschen sein will und viele Menschen nicht mehr „in die Kirche kommen", wo können wir Kirche am dritten Ort in noch mal anderen Formaten bauen, weit über das Modell des Zweit-Gottesdienstes mit seiner immer noch „Komm-Struktur" hinaus? Wegweisend sind hier die Überlegungen zu *fresh expressions of church*, also zu Formaten von Kirche, die die Parochie nicht ersetzen, wohl aber ergänzen.

3.4 Steuerungsinstrumente für Gemeindeleitung

Grundsätzlich gilt, dass die Lebensweltorientierung gerade für die mittlere Leitungsebene unserer Kirchen von Interesse sein kann, während die ortskirchengemeindliche Ebene ja mit der Wahrnehmung von Diversität oft eher überfordert ist.

13. *Gemeindeberatung und -entwicklung:* Wen erreichen wir mit welchen kirchlichen Lebensäußerungen? Wo stehen wir im Kontext der bürgerlichen Gemeinde, und wo wollen wir hin? Mit welcher Entwicklung ist für die Zukunft in unserem sozialen Umfeld zu rechnen? Wie sieht die Altersstruktur aus? Welche Mentalitäten beherbergen wir? Lohnt noch eine Erweiterung des kirchlichen Kindergartens, oder ist vielleicht eher die Unterstützung eines Mehrgenerationenhauses sinnvoll?
14. *Visitation:* Für viele Visitationen sind Milieuerhebungen bereits heute ein festes Mittel, um das Verhältnis der Kirchengemeinde zu der/den bürgerlichen Gemeinde(n), den Vereinen und Gruppen etc. zu erheben und strategische Zielgruppenentscheidungen zu treffen.
15. *Gemeindefusionen*: lebensweltorientierte Erhebungen können helfen, auch schmerzhafte Prozesse wie die Zusammenlegung von Kirchengemeinden oder die Schließung von Kirchengebäuden sachlich zu unterlegen und angemessener zu gestalten. Welche Ortsteile der einen Gemeinde harmonieren mit anderen anderer Gemeinden? Wo liegen vernünftige neue Parochiegrenzen?
16. *Konfliktidentifikation, -bewältigung und -prävention*: Manche scheinbar theologischen Konflikte in einer Kirchengemeinde beruhen nicht auf theologisch unterschiedlichen oder gegensätzlichen Positionen, sondern sind in mentalen Differenzen und nicht-kognitiven Einstellungen begründet. Sie müssen dann auch auf dieser mentalen Ebene behandelt werden.
17. *Regionale Kooperation – Entlastung und Bereicherung:* Es gibt schon

jetzt erstaunlich gute Erfahrungen mit arbeitsteiliger Kooperation auf Kirchendistrikts- oder gar Kirchenbezirksebene. An die Stelle der Konkurrenz der Kirchengemeinden, die alle nach einem Komplettangebot streben, tritt eine aufgaben- und gabenorientierte Delegation von verschiedenen Arbeitszweigen. Der Effekt: Entlastung und breitere Auffächerung gemeinsam präsentierter kirchlicher Angebote. Der Blick geht über den Tellerrand der eigenen Gemeinde hinaus. Pfarrerinnen und Pfarrer begreifen sich als Teamplayer mit speziellen Begabungen und Vorlieben. Ein weiterer Aspekt: Wie können benachbarte Kirchengemeinden zusammenarbeiten? Wenn jeder Kirchengemeinde so etwas wie eine eigene „Persönlichkeit" eignet, was legt sich dann an Schwerpunktsetzungen jeweils nahe? Das führt zu so weitreichenden Fragen wie einer Ausdifferenzierung des Gottesdienstangebotes nach Zeiten, Orten, Zielgruppen, die dort möglich wird, wo man sich auf Distriktsebene entschließt, nicht mehr zur selben Zeit im lokalen Nahraum gleich mehrfach dieselbe Veranstaltung parallel stattfinden zu lassen.

18. *Nicht mehr „Jugendarbeit", sondern milieubezogene Arbeit mit Jugendlichen:* Wer die Jugendstudien kennt, weiß, dass es die klassische Jugendarbeit nicht mehr gibt. Möglich sind angesichts der tief verzweigten und fragmentierten Jugendszene nur Submilieu-Arbeitszweige. Hier greift aber etwa die Möglichkeit der Kombination mit Instrument 14: regionale Kooperation. Mehrere Gemeinden schließen sich zusammen und beschäftigen einen Jugenddiakon für bestimmte Zielgruppen, die sie alleine nicht erreichen könnten. Entsprechendes gilt auch für die „Seniorenarbeit". Die klassische Zielgruppe kirchlicher Seniorenarbeit marginalisiert sich immer mehr. *Den* Senior bzw. *die* Seniorin gibt es nicht mehr.
19. *Milieusensible Raumplanung:* Wie vollzieht sich kirchliche Raumplanung, die nicht mehr für „die Gemeinde" plant, sondern von den Milieus ausgeht, die präsent sind oder erschlossen werden sollen und entsprechend deren Bedürfnissen kirchliche Räume oder Raumnutzung projektiert. Wie soll das Gemeindehaus gebaut oder

umgebaut werden? Wer will überhaupt in ein Gemeindehaus kommen? Wer braucht eins, nimmt es an? Müssen wir eins für alle Milieus bauen?

Sie sehen: All das wird zwar noch keine Wunder bewirken. Aber in der Summe können sich viele kleine Maßnahmen zu einer größeren Veränderung addieren. Lebensweltorientierung kann uns helfen, unsere eigene Rolle im Spiel besser zu begreifen, unsere Arbeitsweisen zu optimieren und Identität wie Ziele unseres kirchlichen Handelns präziser zu fassen: Wen wollen wir erreichen, und wo liegen auch unsere Grenzen? Es kann auch entlasten zu sagen: Die Bewohner dieses Milieus gehören nicht zur Zielgruppe unserer Kirchengemeinde.

VII. Theologische und andere Stolpersteine

Was wir beachten müssen, wenn wir Milieuforschung kirchlich nutzen wollen.

1. Was kann moderne Sozialwissenschaft leisten und was nicht?

1.1 Milieuforschung sagt uns nicht, was Kirche ist, noch, wie sie sein soll

Was Kirche ist, das müssen wir selber wissen bzw. mittels theologischer Reflexion in Erfahrung bringen. Sie kann jedoch die Funktion einer „Sehhilfe" (Cl. Schulz) haben, die uns sehen lässt, wie andere uns, so wie wir verfasst sind, sehen, und wie wir auf andere wirken. Für unseren Umgang mit dem Sinus-Milieumodell und anderen Instrumenten der Lebensweltforschung bedeutet das: Wir haben einen sehr speziellen Blick auf Kirche vor uns, der deshalb so aussagekräftig ist, weil er so enggeführt ist, sich auf eine Perspektive konzentriert. Was Kirche außerhalb von dieser sozialwissenschaftlichen Perspektive – auch noch – ist, das wird hier ja bewusst ausgeblendet. Es darf aber nicht vergessen werden: Das Milieumodell ist in erster Linie eine Hilfe zur Analyse. Hier begegnen wir einem „fremden Blick", der uns eventuell helfen kann, unsere blinden Flecke auszugleichen; gewohnte Bahnen der Wahrnehmung zu verlassen und dadurch neu ins Nachdenken zu kommen. Von Analyse und Beschreibung haben wir deutlich einen zweiten Schritt zu unterscheiden: Welche Konsequenzen ziehen wir denn aus dem, was wir hier beobachten? Ein Beispiel: Wir nehmen wahr,

Das Milieumodell: Eine Sehhilfe

dass wir als Kirche sehr gut das traditionsorientierte Milieu bedienen. Hier sind wir wirklich stark. Eine Konsequenz könnte sein: Wir sehen zu, dass wir unsere Stärke noch ausbauen und also weiter andere Milieus vernachlässigen. Eine andere Alternative könnte sein zu sagen: Wir verteilen die gegebenen materiellen und personellen Ressourcen anders und um. Die Ergebnisse der Milieuforschung legen weder das eine noch das andere nahe. Es braucht theologische Standpunkte und Urteile, um Konsequenzen zu formulieren. D.h., wir müssen selber bestimmen, wie wir Kirche verstehen wollen. Wissenschaft hat – im Prinzip – lediglich einen deskriptiven, einen beschreibenden Anspruch[30]. Urteilen, normativ werden, Konsequenzen ableiten und ziehen – das müssen wir.

1.2 Milieuforschung bildet nicht die Wirklichkeit ab. Sie bietet nur ein Modell gesellschaftlicher Wirklichkeit

Ein Modell ist nie das Ganze, sondern das Ganze unter einer bestimmten Perspektive. Milieuforschung hat eine solche konkrete Perspektive: Sie sieht die Gesellschaft unter dem Blickwinkel sozialer Unterschiedlichkeit und Ungleichheit an. Jede Wissenschaft vollzieht eine bestimmte Form von „Gegenstandskonstitution". Was etwas ist, ergibt sich daraus, wie es angeschaut wird. Rein biologisch ist ein im Mutterleib werdendes menschliches Wesen nichts anderes als ein stark expandierender Zellklumpen. Die Frage danach, was dieses Wesen an sich ist, will und kann eine Fachwissenschaft nicht beantworten. Ich füge hinzu: Sie sollte es auch nicht wollen. *Milieuforschung sagt uns nicht, wer die Menschen sind,* aber sie hilft uns wahrzunehmen, wie sie faktisch leben. Das ist der große Vorzug dieses modernen Zweigs der

---

[30] Für die Fachleute, die sich unter die Leser verirrt haben: Ich nehme damit nicht unkritisch die Position Max Webers im Werturteilsstreit ein, bin aber der Auffassung, dass dieser rein deskriptive Anspruch die Norm sein sollte, auf die wir uns verständigen.

Soziologie. Sie ist Lebensweltforschung. Sie erforscht den Alltag der Menschen, ihre Freizeitgewohnheiten, ihren Musikgeschmack, ihre ästhetischen Vorlieben, die Art, wie sie Gemeinschaft suchen, und die Weise, wie sie nach Sinn suchen; was sie mögen und erstreben und wozu sie Distanz halten und was sie abstößt.

Zu beachten ist auch: Milieuforschung bildet nicht die gesamte gesellschaftliche Wirklichkeit ab, sondern immer nur einen definierten Ausschnitt. Um sie nicht zu überfordern, ist es entscheidend zu wissen, was die Bezugsgröße ist und was untersucht wird (die Grundgesamtheit aller in Deutschland Lebenden, alle deutschen Staatsbürger, Migranten, die Katholiken, die Evangelischen etc.).

1.3 Milieuforschung ist nicht detailgenau – sie vereinfacht sehr

Es gibt in unserem Land ca. 63 Millionen Menschen, die über 14 Jahre alt sind. Aber die kann ich nicht darstellen. Das Ergebnis wäre dann total unübersichtlich. Für Sozialwissenschaft gilt wie für viele andere Erkenntnisbemühungen auch: Je anschaulicher sie sind, desto ungenauer sind sie; je genauer sie verfahren, umso unübersichtlicher werden sie. Ein Milieumodell ist darum immer ein Kompromiss zwischen Anschaulichkeit und Genauigkeit. Wir können auf der einen Seite weiter reduzieren und uns dann etwa auf die drei Basis-Mentalitäten Prämoderne, Moderne und Postmoderne konzentrieren, die auf der X-Achse des Sinus-Milieumodells zur Abbildung kommen. Das ist sehr eingängig und überzeugend. Ein postmoderner Mensch unterscheidet sich spezifisch von einem prämodern eingestellten. Der zweite Blick zeigt aber, dass es nicht *den* postmodernen Typus gibt, dass es vielmehr sinnvoll ist, verschiedene Schichten zu unterscheiden. Dann sehen wir den *Hedonisten*, der gegengesellschaftlich lebt und über bloß begrenzte materielle Ressourcen verfügt, den *Performer*, der zur Leistungselite gehört und ästhetisch Audi- und Apple-Jünger ist, und wir sehen dazwischen den *Experimentalisten*, der am radikalsten sein Leben als anhaltenden

Versuch inszeniert, bekannte Grenzen zu überschreiten und sich immer neu zu erfahren. Diesen Weg der Differenzierung vollziehen dann die Sinus-Milieus. Milieus selber können auf der anderen Seite nahezu beliebig unterteilt werden. Drei solcher „Subdifferenzierungen" finden sich ja bereits im Milieumodell von 2010.

1.4 Die Bezeichnungen der Milieus sind Zusammenfassungen, keine ausreichenden Charakterisierungen

Die Milieunamen fassen Zusammenfassungen noch einmal zusammen. Es gibt für jedes Milieu sehr umfangreiche Beschreibungen. Wer wissen will, welche Merkmale Menschen in einem Milieu zeigen, kann auf diese umfangreichen Beschreibungen zugreifen. Wenn wir also von *„den Hedonisten"* sprechen, sollten wir diese Bezeichnung am besten in Gedanken „in Anführungsstriche" setzen; wir sollten im Bewusstsein behalten, dass diese Milieubezeichnung nicht die sehr komplexe und in sich noch einmal Unterschiede aufweisende Lebenswelt der angesprochenen Menschengruppe beschreibt, sondern nur eine Hilfe ist, uns zu orientieren. Es ist ja allemal anschaulicher, von *„Hedonisten"* zu sprechen als von „C12".

DIE MILIEUNAMEN FASSEN ZUSAMMENFASSUNGEN NOCH EINMAL ZUSAMMEN.

1.5 Die Milieuprofile sind idealtypisch, sie existieren nur annäherungsweise in realen Menschen

Die Milieubeschreibungen versuchen, ein gemeinsames Profil zu fassen, das auf der Basis einer Merkmalsbatterie erfasst wird. Zurzeit werden 29 Merkmale abgefragt, die die Sozialwissenschaftler „Items" nennen. Wenn man als Richtgröße 10 Milieus vorgibt, dann kann man fragen, welche zehn statistischen Merkmalshäufungen signifikant sind.

Die Menschen, die einem Milieu zugeordnet werden, müssen aber weder allen Items genügen, noch ist in jedem Fall eine eindeutige Zuordnung möglich. Im Extremfall ist es denkbar, dass es keinen einzigen real existierenden Menschen gibt, der allen Items entspricht. Es gibt Menschen, die dem Milieuprofil mehr und solche, die ihm weniger entsprechen. Im Bild und mit der Grafik gesprochen: Es gibt Personen, die sich in der Mitte einer Milieukartoffel aufhalten, und solche, die mehr am Rande stehen. Schließlich gibt es Menschen, die wir sowohl dem einen wie einem anderen Milieu zuordnen können. In der Grafik liegen dann grau gezeichnete Überschneidungen zweier Milieukartoffeln vor.

1.6 Milieuforschung findet die Milieus nicht in der Wirklichkeit vor; sie sucht fundierte Unterstellungen empirisch zu bewähren

Wie die Physik oder die Biologie finden auch Sozialwissenschaftler nicht einfach Typen und Arten in der Natur bzw. auf freiem gesellschaftlichen Feld vor. Das Verfahren ist viel komplizierter, und es ist ein Stück weit auch zirkulär. Eine größere Sinus-Studie besteht in der Regel aus zwei Phasen. In der ersten Phase formuliert man Hypothesen, die auf der Basis früherer Wahrnehmungen und Beobachtungen beruhen. Hat es vielleicht Sinn, folgende Typen mit folgenden Merkmalen/Einstellungen etc. zu unterscheiden? Haben diese und jene Fragen einen diagnostischen Wert? In dieser ersten qualitativen Phase werden dann diese Hypothesen geprüft. In einer kleineren Zahl sehr ausgedehnter, umfangreicher Interviews werden Menschen befragt. Man versucht, herauszubekommen, wie eine Weltsicht im Zusammenhang aussieht und ob sich tatsächlich so etwas wie ein Typ ergibt. In einer zweiten Phase wird dann in einer großen Repräsentativbefragung, in der Regel im vierstelligen Bereich, genau diese Typologie unterstellt. Man möchte nun herausbekommen, wie denn die Verteilung der zuvor erhobenen Einstellungen aussieht. Versuch, Irrtum, Korrektur und statistische Bewährung, das sind die Schritte. Natürlich ist dieses Verfahren ein Stück weit zirkulär. Wir erkennen nicht die soziale Wirklichkeit an sich. Wir werfen ein bestimmtes begriffliches und theoretisches Netz über sie und strukturieren damit unsere Wahrnehmung vor. „Die Wirklichkeit" ist diesem theoretischen Begreifen freilich nicht hilflos ausgeliefert. Sie kann unsere Annahmen mehr oder weniger bestätigen. Wenn das Netz leer bleibt, dann muss das „reale" Gründe haben. Milieuforschung zeigt sich hier als Kulturhermeneutik. Bereits Hans-Georg Gadamer, der moderne und wichtigste Vertreter einer philosophischen Hermeneutik, hat gezeigt, wie in jedes Verstehen ein Vorverständnis – Voraussetzungen, Annahmen dessen, der erkennen und verstehen will – eingeht.[31]

1.7 Es „gibt" die 10 Sinus-Milieus nicht wirklich

Die „Wahrheit" des Milieumodells besteht darin, dass es sich bewährt: Es hilft erfolgreich dabei, sich in der unübersichtlich gewordenen sozialen Welt mit ihren unüberschaubar vielen Kulturen und Subkulturen, Welten und „Unter-Welten" zu orientieren. Die Milieus sind Milieubezeichnungen, die auf einem hochkomplexen sozialwissenschaftlichen Tun beruhen. Mit anderen Worten, es sind theoretische Konstrukte. Das kann freilich nur für Menschen ein Einwand sein, die sich mit wissenschaftlicher Praxis und Wissenschaftstheorie nicht auskennen und unterstellen, nur das, was wir „rein", pur, ohne subjektive Zugabe wahrnehmen, sei begründet, wissenschaftlich, wahr. Sogar unsere einfachsten Sinneswahrnehmungen leben von Theorien, die unser Gehirn aufgrund seiner Erfahrungen vorschlägt, um unsere chaotischen Ner-

---

[31] Das ist im Übrigen selbst im Bereich der „harten" Naturwissenschaften nicht anders. Wer etwas über subatomare Teilchen wissen will, wird nur etwas finden, wenn er Annahmen über deren Existenz voraussetzt und Maschinen wie z.B. den Teilchenbeschleuniger (LHC) des CERN baut, wobei bei deren Konstruktion die entsprechenden Theorien vorausgesetzt werden.

venreizungen zu ordnen, zu verstehen, ihnen einen Sinn abzugewinnen. Jede Wissenschaft braucht ein theoretisches Gerüst, um überhaupt „etwas" wahrnehmen zu können. Dieses Gerüst findet dann auch ein Pendant in der Praxis, im sogenannten Versuchsaufbau, ganz gleich, ob das der Large Hadron Collider (LHC) des CERN in Genf ist, mit dem Teilchen erzeugt werden, die es bis dato gar nicht gab, oder der sogenannte Hausaltar, den Sinus-Forscher vor Ort für Erhebungen dokumentieren. Wissenschaft zeichnet sich nicht dadurch aus, dass es *ihre* Objekte gibt, wohl aber dadurch, dass das, was sie messen, empirisch überprüfbar, mit Karl Popper: prinzipiell widerlegbar, ist. Noch einmal: Das macht Physik wie Milieuforschung nicht unbedeutend, aber es hilft uns, ihren philosophischen Erkenntniswert im Sinne einer Erkenntnis der Wirklichkeit bescheiden und damit richtig einzuschätzen.

1.8 Die Ergebnisse der Sozialforschung treffen oft nicht zu

Soziologie ist nicht Physik. Sozialwissenschaft ist keine Natur-, sondern eine Humanwissenschaft. Ein Physiker muss sich sofort Gedanken machen, ob seine Formel denn stimmt, wenn er auf ein Ergebnis stößt, das nicht zu seiner Theorie passt. Sozialforschung ist viel demütiger. Sie weiß: Es gibt einen Prozentsatz von Menschen, die dem Idealtypus eines Milieus entsprechen, aber es gibt auch Überlappungen zwischen den Milieus, die auf der Karte der Lebensweltsegmente grau markiert sind. D.h., es gibt Menschen, die sich sowohl dem einen wie dem anderen Milieu zuordnen lassen. Und es gibt Menschen, die passen gar nicht ins Schema. Entweder waren sie nicht im Fokus der Forschung, oder sie stellen ein neues Phänomen dar und sind ein Produkt des raschen gesellschaftlichen Wandels. Der kann dann auch eine Änderung des Milieumodells erzwingen, wenn seine Quantität groß genug ist, so groß, dass man sie abbilden kann. Das SINUS®-Forschungsinstitut hat darum sein Milieumodell immer wieder, das letzte Mal im August 2010, angepasst.

1.9 Milieuforschung fördert nicht Schubladendenken, sondern beugt diesem vor

Sie zeigt, dass es verschiedene Typen gibt. Sie gebraucht dazu zwar „Schubladen“, in die Personen gesteckt werden. Aber sie hilft gerade so, Menschen zu unterscheiden, ihre Eigenarten zu erkennen und ihnen Gerechtigkeit widerfahren zu lassen. Sie hilft uns an einer entscheidenden Stelle unserer Wahrnehmung, da wo wir eine entscheidende Wahrnehmungsschwäche haben. Sie hilft gegen den „blinden sozialen Fleck“, der alle Menschen auszeichnet, die für sich in einer Gemeinschaft, einer *Gruppe Gleich Gesinnter* leben. Wir unterstellen ja zunächst, dass alle so sind, wie wir, m.a.W.: dass es nur eine – richtige – Schublade (vgl. S. 18f.) gibt. Abweichendes Verhalten, wohlgemerkt: von *unserem* Verhalten abweichendes Verhalten ist dann sofort „unnormal“, wenn es nicht sogar als „falsch“ oder „unmoralisch“ bewertet wird. Milieuforschung öffnet die Augen dafür, wie selbstverständlich sich Menschen in ihrer Lebenswelt einrichten und ihr Tun, ihre Verhaltensweisen, die Art, wie sie reden, denken, reagieren, für selbstverständlich halten – und wie provinziell, milieubedingt das ist. Für den anderen, der so ganz anders lebt, ist seine Lebensweise ja genauso selbstverständlich wie die meine für mich.

Es gibt Menschen, die passen gar nicht ins Schema.

1.10 Die Macht der bunten Bilder braucht Distanz

Die Kartoffelgrafik wirkt faszinierend und überzeugend. Wer sie betrachtet, hat nach wenigen Minuten den Eindruck, er habe nun verstanden, wie unsere Gesellschaft beschaffen ist. Sie geht so ein, dass kaum Raum zur Distanz bleibt. Die Direktheit, mit der die bunten Bilder wirken und eingehen, steht in Gegensatz zu dem in Wahrheit ja hoch konstruktiven Charakter des Ansatzes und verführt dazu, den immensen Aufwand zu vergessen, der getrieben werden muss, um ein so elementares, so verständliches Bild der Lebenswelten einer Gesellschaft zu zeichnen. Die hier formulierten methodologischen Reflexionen haben darum auch den Zweck, zu einer notwendigen Distanz zu verhelfen und ein Stück zurückzutreten. Auch die von zwei evangelischen Kirchen beschlossenen Schulungen von Multiplikatoren haben hier ihren Hintergrund. Es braucht solide, die Daten und Grafiken aufschließende Begleiter, wenn das enorme Orientierungspotenzial des Sinus-Milieumodells nicht verbrennen soll. Es wäre schade drum, wenn ein zu schnelles Verstehen den Zugang gerade versperrt und verhindert, dass wir tiefer eindringen.

1.11 Milieuforschung kann motivieren, aber nicht die Liebe zu den Menschen ersetzen

Mit der Milieuanalyse sind wir auf dem Weg zu den Menschen, aber nicht bei ihnen. Das Milieumodell kann ahnen lassen und veranschaulichen, wie anders, auch fremd, andere Menschen sich in ihrem Leben einrichten. Wir können wahrnehmen, wie weit das gegebene kirchengemeindliche Leben von der Lebenswelt sehr vieler Menschen in dieser Gesellschaft entfernt ist. Und das kann uns motivieren zu fragen, wie wir sie erreichen können. Diese Frage ist aber noch nicht die Tat, die Reflexion noch nicht die Präsenz. Milieuforschung leistet eine faktisch unverzichtbare Hilfe; wo wir aber bei den Menschen sind, weil uns die Liebe zu dem Verlorenen zu ihnen treibt, da ist streng genommen ein solcher Umweg nicht nötig. Da partizipieren wir ja bereits an Lebenswelten, in die wir auf dem Weg der Milieuforschung mühsam theoretisch einzutauchen suchen.

1.12 Zusammenfassung

Das Milieumodell beruht auf einem hochkonstruktiven Verfahren. Wenn wir das beachten, kann dieser Ansatz uns sehr helfen, wahrzunehmen, wie unterschiedlich Menschen sind. Die Ergebnisse der Milieuforschung resultieren aus einem Verfahren, das sehr komplex ist, in das viele Annahmen eingehen, das vieles voraussetzt, was wir nicht direkt, einfach sehen können. Deshalb sind die Resultate dieses Ansatzes aber nicht „konstruiert", im Sinne von nicht real. Es braucht nur eine sehr gut konstruierte Brille, die viel Technik und Tuning beinhaltet, um sie zu erzielen. Genauso verhält es sich nicht nur mit anderen sozialwissenschaftlichen Instrumenten, sondern sogar – in noch gesteigertem Maße – im Bereich der Naturwissenschaften. Auch sie erzielen etwa im mikrophysikalischen oder aber astronomischen Bereich empirische Ergebnisse nur, indem sie sehr komplizierte Maschinen einschalten und so Wahrnehmungen erzeugen. Das Sinus-Milieumodell wird umso mehr Sehhilfe sein, je reflektierter wir mit ihm umgehen.

MILIEUMODELLE: EIN HOCHKONSTRUKTIVES VERFAHREN

2. Kritische Einwände gegen die Milieuforschung und ihre kirchliche Nutzung – und was wir von diesen Einwänden lernen können

Der Ansatz der Milieuforschung und der Einsatz der Milieumodelle sind in der Kirche nicht unumstritten. Vielleicht sind Sie schon auf Debatten über die Sinus-Milieus gestoßen. Ich möchte einige der wichtigsten Argumente benennen, die gegen die Milieuorientierung in der Kirche eingewandt werden, und ich möchte ihre Bedeutung mit Ihnen zusammen abwägen.

Ich nenne insgesamt sechs Einwände und beginne mit Argumenten, die im strengen Sinne gar nicht argumentieren, sondern Haltungen bedeuten. Weil sie Abwehrhaltungen darstellen, die oft weniger aus dem Kopf, mehr „aus dem Bauch kommen“ und erst nachträglich rationalisiert werden, müssen wir sie besonders ernst nehmen.

2.1 „Sinus® wird überschätzt als Allheilmittel.“

Detailliert klingt das dann so: *„Sinus ist auch nicht das Evangelium. Es gibt doch nicht nur Sinus. Das Sinus-Modell ist nicht die Lösung für die Probleme unserer Kirche. Ich kann das Reden von Milieus nicht mehr hören. Hier wird doch nur eine weitere Sau durchs Dorf getrieben.“*

Richtig ist: Es gibt nicht nur die Sinus-Milieus. Es gibt viele andere hilfreiche Forschungsansätze, die die moderne Lebenswelt erschließen können. Wir können mit sechs Lebensstilen operieren, wie die Kirchenmitgliedschaftsuntersuchungen der EKD, oder drei Basismentalitäten unterscheiden oder noch einmal andere Milieumodelle wählen. Es geht überhaupt nicht darum, andere Modelle abzuwerten. Vielmehr sind ja alle Ansätze zu begrüßen, die für soziale und mentale Unterschiede sensibilisieren und uns fragen lassen, wie wir Menschen erreichen können, die ganz anders sind als der kirchliche *Mainstream*. Ganz nüchtern muss man aber feststellen: In mehr als drei Jahrzehnten hat das Heidelberger Forschungsinstitut nicht nur die gesellschaftlichen Wandlungen sehr präzise verfolgt und sein Modell den Veränderungen kontinuierlich angepasst. Es hat auch einen Schatz an empirischen Erkenntnissen erworben, der „Sinus“ einen weiten Vorsprung vor anderen Ansätzen gibt.[32] Besonders wichtig sind die Kirchenstudien, die Sinus® ab 2005 durchgeführt hat, zunächst im Auftrag und für die katholische Kirche, in neuester Zeit aber auch für den protestantischen Bereich: die EKD, die Reformierte Kirche im Kanton Zürich und nun für die evangelischen Landeskirchen in Baden und Württemberg (vgl. S. 39f.).

[32] Allein für das neue Milieumodell von 2010 hat Sinus® mehr als 300.000 quantitative und ca. 30.000 qualitative Erhebungen ausgewertet.

Richtig ist ebenfalls: Die Milieuperspektive alleine, ob von SINUS® oder nicht, bringt's nicht. Das Konzept MÜKKE (**M**ilieu übergreifendes **k**irchliches Handeln, basiert auf **k**irchendemografischen **E**rhebungen) setzt darum von vornherein auf zusätzliche und ergänzende Zugänge. Die Milieuperspektive für sich genommen sagt viel zu wenig aus. Wir sehen viele interessante Bilder, deren Wirkung aber schnell verpufft.

DIE MILIEUPERSPEKTIVE ALLEINE, OB VON SINUS ODER NICHT, BRINGT'S NICHT.

MÜKKE bettet darum die Milieuperspektive ein in einen dreidimensionalen Zugang zu der gesellschaftlichen Wirklichkeit, deren Teil Kirche und Kirchengemeinden sind.

Entscheidend ist die Sensibilisierung für die Unterschiedlichkeit von Menschen, für die Diversität und Pluralität der Lebensweisen. Entscheidend ist aber auch der Blick auf kirchliches Leben als ein Milieu eigener Art, die Wahrnehmung der unsichtbaren Barrieren, die kirchengemeindliches Leben von den fragmentierten Lebenswelten unserer Gesellschaft trennen. Wir bräuchten keine Sinus-Forschungen oder Erkenntnisse anderer Herkunft, wenn wir von Hause aus die notwendige Sensibilität für die Umwelt mitbrächten, in der wir leben. Wie wenig ist aber oft bewusst, dass Kirchengemeinde ein eigenes Leben, das Leben einer Subkultur führt? Wie oft dominiert die Binnenperspektive? *Wenn wir den Blick der Liebe haben, brauchen wir die bunten Bilder nicht mehr.*

Es stimmt: Eine sozialwissenschaftliche Fokussierung erledigt und ersetzt nicht die konkrete Hinwendung zu Menschen. Aber sie stellt einen ersten Schritt in Richtung dieser Hinwendung dar – etwa dort, wo wir uns in der Sicherheit wiegen, wir erreichten doch schon alle.

Und auch das ist ja richtig: Die theoretische Wahrnehmung der sozialen Zerklüftung bringt's ja nicht. Die anglikanischen Freunde haben das Instrument der Gebetsspaziergänge entwickelt. Christen begehen über einen längeren Zeitraum den Lebensraum, den Stadtteil, das Quartier, in dem sie leben, und fragen betend, was ihre Aufgabe hier ist. Wir praktizieren in unserem Pilotprojekt in Neuffen noch einen weiteren Weg: Sogenannte Pfadfinder gehen auf Erkundungen aus und kommunizieren, was ihnen aufgefallen ist. Wichtig ist nicht theoretisches Milieuwissen, sondern Anleitung zur konkreten Wahrnehmung, die auch betroffen macht und motivieren kann.

Richtig ist: Eine neue Mode hilft uns nicht. Letztlich gilt, bei aller Professionalität in Fragen der Lebensweltorientierung, auch hier „und hätte der Liebe nicht, es wäre nichts nütze" (1 Kor 13,1-2). Entscheidend ist die Frage, ob wir – ggf. unter Verwendung der Milieuperspektive – eine geistliche Handlungsperspektive entwickeln.

Richtig ist schließlich: Wenn Milieuforschung nichts anderes als eine vorübergehende Modeerscheinung ist, dann können wir sie vergessen. Und es stimmt: Es liegt schon fast eine Gefahr in den ansprechenden, bunten Bildern, die ein schnelles Begreifen suggerieren, die aber doch nur Zusammenfassung sehr komplexer Sachverhalte sein wollen. Der Ansatz bei den Lebenswelten kann da helfen, wo er zu einer internalisierten, nachhaltigen Perspektive wird, die kirchliches Handeln begleitet, und wo er uns zu vielen kleinen Schritten anleitet, die in der Summe eine wahrnehmbare Veränderung im Phänotypus von Kirche generieren.

Das heißt also: Richtig ist: „Sinus", oder weitergehend ausgedrückt: Die Milieu-, die Lebensweltperspektive, ist nicht als solche die Lösung. Wenn wir uns auf diesen Ansatz empirischer Sozialforschung einlassen, bekommen wir zunächst und vor allem eine Sehhilfe. Was für *Konsequenzen* wir aus den Ergebnissen dieses analytischen und diagnostischen *Tools* ziehen, das ist eine ganz andere, das ist *unsere* Sache.

In Summa: Die Milieuperspektive ist nicht die Lösung, aber sie kann Teil des Lösungsweges sein. Sie kann einer Kirche als Sehhilfe dienen, die ihren Ort und ihren Response in einer fragmentierten Lebenswelt der heutigen Gesellschaft präziser zu fassen sucht und dabei den Milieuansatz

- nicht als privilegiertes, aber als bewährtes und besonders ausdifferenziertes und elaboriertes Werkzeug begreift,
- nicht isoliert, sondern im Verein mit anderen *Tools* als Wahrnehmungshilfe nutzt,

- nicht als Technik missversteht, sondern als Anleitung für eine konkrete, liebende Hinwendung zu denen, die wir gegenwärtig kaum oder nicht mit dem Evangelium erreichen,
- nicht als Mode begreift, sondern als Haltung, die wir einüben und deren Wert sich je mehr beweist, je länger wir sie einnehmen.

2.2 „Die Milieuperspektive überfordert uns."

Das klingt im Detail dann etwa so: „*Müssen wir Angebote für alle 10 Milieus machen? Das können wir doch gar nicht. Damit sind unsere Kirchengemeinden überfordert. Und ich bin vielleicht für die Kommunikation in einem oder zwei Milieus kompetent, aber ich kenne meine Grenze und weiß wirklich nicht, wie ich Zugang zum hedonistischen Milieu finden soll. Müssen wir nicht auch authentisch sein und bei dem bleiben, was wir können? Reicht es nicht, wenn wir uns auf die konzentrieren, die zu uns kommen? Haben wir mit denen nicht genug zu tun? Sollen die anderen doch zu uns kommen, wenn sie es wollen!*"

In der Rezeption der Milieuperspektive gibt es im Regelfall zwei, im Glücksfall drei Phasen: Gerade die sozial-diakonisch und missionarisch engagierten Pfarrerinnen und Pfarrer sind zunächst fasziniert und begeistert von den Türen, die sich durch die Wahrnehmung der so unterschiedlichen Lebenswelten auftun. Aber je mehr sie die Kommunikationschancen sehen, die sich hier eröffnen, umso stärker wird gerade bei ihnen die Frage: *Wie soll/wie kann ich das denn auch noch leisten?*

Auf Begeisterung folgt Frustration, auch Ressentiment, es sei denn, es gelingt, hier, an entscheidender Stelle, in der Ressourcenfrage noch einen Schritt weiter zu kommen. Mehr Arbeit darf es ja nicht werden. Sehr viele, wenn nicht die meisten der Kolleginnen und Kollegen, auch viele Ehrenamtliche arbeiten „Unterkante Oberlippe". Richtig ist: Wir müssen vom additiven Verfahren wegkommen, das einfach nicht mehr funktioniert. Immer mehr, immer noch eine neue Aufgabe, das geht nicht (mehr). Wichtig ist, dass gerade die Milieuperspektive uns hilft, die richtigen Fragen zu stellen und zu Antworten zu kommen, die nicht Mehrbelastungen, sondern Entlastungen generieren.

Eine große Gefahr der Lebensweltperspektive besteht in der suggestiven Wirkung, die scheinbar logisch die Konsequenz nahelegt: Wir, *wir*, müssen alle erreichen, und als Zeuginnen und Zeugen des Evangeliums müssen wir das auch. Das führt in eine unrealistische Haltung hinein und in einen unevangelischen Zwang, und es wirkt auch nicht unbedingt authentisch, wenn wir etwas zu sein versuchen, was wir nicht sind.

KEINER KANN ALLE MILIEUS ERREICHEN.

Richtig ist: *Wir* können tatsächlich nicht alle Milieus erreichen. Aber wer sagt denn, dass wir das *müssen*; dass das tatsächlich *unsere, meine* Aufgabe ist? Gerade dann, wenn klar ist, dass wir nicht leisten können, was eigentlich nötig ist, stellt sich die Frage:

- Wo liegt meine spezielle Begabung, wo liegen die speziellen Begabungen anderer?
- Müssen wir eigentlich alle dasselbe tun? Müssen alle Kirchengemeinden dasselbe Programm, noch dazu zur selben Zeit anbieten? Nicht jede Gemeinde muss ein Komplettangebot für alle Zielgruppen anbieten. Viele Ressourcen werden verbraucht, weil man nicht zusammenarbeitet, sondern eine Gemeinde in Konkurrenz steht zur anderen und „haben" möchte, was „die haben". Vor allem in den Städten finden parallel zueinander in örtlicher Nachbarschaft, zur nahezu selben Zeit liturgisch nahezu dieselben Veranstaltungen statt, oft nicht in Kirchen, die so voll wären, dass ein oder zwei Kilometer weiter eine sehr ähnliche Veranstaltung angeboten werden müsste.
- Gibt es die Bereitschaft zu einer gabenorientierten Delegation von Aufgaben? Wie fördern wir sie? Nicht jeder Pfarrer kann gleich gut Jugendarbeit oder Konfirmandenunterricht. An vielen Orten findet dieser in überschaubaren Gruppen statt, und man könnte den Kollegen durch Zusammenlegung entlasten und ihm so die Zeit-Ressourcen für eine noch einmal andere Zielgruppe schenken.
- Machen wir uns Mut zu einer Kooperation auf regionaler Ebene, die Entlastungen generiert und Ressourcen freisetzt? Muss wirklich in

jeder Gemeinde Jugendarbeit sein? Ist die Pfarrerschaft im Bezirk und Distrikt nicht ein Team von unterschiedlich und mannigfach Begabten und Interessierten? Und dürfen wir nicht auch regional Schwerpunkte bilden? Die Menschen sind oft sehr viel beweglicher, mental und lokal, als wir unterstellen oder nach wenigen Einsprüchen derer, die traditionsfixiert sind, denken. Alle Regelungen, die heute Ewigkeitsbedeutung haben, sind einmal eingeführt worden. Gegen alle ist irgendwann einmal opponiert worden.

- Milieubezogene Initiativen können für einzelne Kirchengemeinden bei allem guten Willen schnell eine Nummer zu groß sein. Aber wenn sich mehrere zusammentun? Die Organisation solcher Initiativen und Modelle liegt dann auf Distriktsebene oder ist Aufgabe der Verantwortlichen des Kirchenbezirks. Hier können Delegationen von Aufgaben und Kooperationen verabredet werden, die neue Ressourcen freisetzen und Spezialisierungen ermöglichen.
- Was darf vor Ort in seiner Bedeutung zurücktreten, und was verdient unter Milieugesichtspunkten ggf. unsere besondere Förderung?
- Gibt es vielleicht Ansätze und Initiativen, die schon da sind und die wir nur fördern müssten? Die nur darauf warten, dass wir sie wahrnehmen und würdigen? Was bedeutet es für den Zugang zum *Adaptiv-pragmatischen Milieu* der Neuen Mitte, dass wir einen Kindergarten haben, in dem uns Menschen aus dieser Lebenswelt ihre Kinder anvertrauen?
- Müssen wir jedes Tor selbst schießen? Es gibt – oft mehr am Rande einer Kirchengemeinde – Menschen, die nicht zum Stammmilieu der Gottesdienstgemeinde gehören, sondern Milieus angehören, die als eher „kirchenfern“ eingeschätzt werden. Sie können Brückenpersonen werden, wenn wir uns denn entschlossen haben, evtl. auf ein weiteres Milieu zuzugehen. Natürlich kann der Pfarrer bei der freiwilligen Feuerwehr mitmachen. Aber vielleicht gibt es auch jemanden, der sich zur Ortsgemeinde hält, mehr am Rande steht und der Mitglied bei der Feuerwehr ist; der Kontaktperson sein und zum Guide werden kann. Die Pfarrerin kann natürlich das Fitnessstudio

besuchen, wenn das „ihr Ding ist". Aber sie kann auch auf die Frau zugehen, die regelmäßig das Fitnessstudio besucht oder gar dort mitarbeitet und sich bemerkenswerterweise zum Gottesdienst hält und Anschluss im Frauenkreis sucht. Sie kann zur Brückenperson werden. Sie kann helfen, zu überlegen, welche Angebote Kirche denn machen müsste, um für noch mal andere Menschen interessant zu sein (etwa im Bereich Wellness, Körper und Seele o.ä.).

- Brauchen wir neben dem Zweit- nun tatsächlich auch noch den Dritt- und Viert-Gottesdienst, um alle möglichen Milieus zu erreichen? Gibt es neben der Milieuüberschreitung nicht zunächst auch die Möglichkeiten behutsamer Milieuspreizung und die Aufgabe der Anleitung zu mehr Milieutoleranz?
- Und ist die Milieuperspektive nicht zunächst auch eine große Ermutigung? Gerade dann, wenn man die Kirchenstudien ernst nimmt, zeigt sich ja: Wir sind als Kirche in bestimmten Milieus gut, sehr gut. Und selbst das ist ermutigend: Wir erreichen zwar viele Menschen nicht, aber sehr viele Menschen bezahlen über lange Jahre sehr viel Geld, um zu uns, zur Kirche zu gehören! Das ist ein real existierender Vertrauensvorschuss, den wir mit Bedacht ummünzen dürfen. Gerade wenn man das Milieumodell zur Hilfe nimmt, kann sich zudem zeigen: Wir erreichen vielleicht viel mehr Menschen aus anderen Lebenswelten, als sich uns am Sonntagmorgen im Gottesdienst zeigen! Hier ist es dann zunächst einmal sinnvoll, eine milieusensible Bestandsaufnahme durchzuführen.

Das heißt also: Auch wenn die Milieudifferenzierung uns den Horizont öffnet und weitere Aufgaben zeigt, leitet sie zugleich in vielfältiger Weise zu Entlastungen an.

2.3 „Sozialwissenschaft hat eine verkürzte Perspektive und ihre Ergebnisse passen nicht für Kirche."

Konkret begegnen wir folgenden Voten: „*Sozialwissenschaft kann nicht fassen, was Kirche ist, und Sozialwissenschaft kann uns auch nicht sagen, wie Kirche sein und was sie tun soll. Sie bleibt mit ihrer Arbeitsweise an der Oberfläche. Sie orientiert sich an Zahlen und Fakten. Es ist gefährlich, sich auf Sozialwissenschaften und ihre Ansätze einzulassen, weil das zu einer verkürzten Perspektive führen kann.*"

Die hier aufscheinenden Vorbehalte sind nur allzu verständlich. Nur zu oft haben Wissenschaften, die den Status von Hilfsdisziplinen hätten haben müssen, sich theologische Definitionskompetenz angemaßt. Ich erinnere nur an die lang anhaltende Dominanz von bestimmten psychologischen Strömungen in der evangelischen Seelsorgelehre. Solche Dominanzen von fremden Gesichtspunkten wollen wir mit Recht nicht. Wir haben in Abschnitt 1 schon ausführlich betrachtet, wie sehr die Sozialwissenschaft in ihren Aussagemöglichkeiten beschränkt ist (vgl. S. 110 ff.)

Wir müssen also wissen, was wir tun, wenn wir mit diesem hochkomplexen, elaborierten Instrument umgehen. Das geht nicht ohne intensive Einführung. Und die beiden Kirchenleitungen in Stuttgart und Karlsruhe haben recht daran getan, Kurse für Multiplikatoren anzubieten, damit wir in „Kirchens" sachgemäß mit diesem Instrument umgehen und damit nicht immer wieder passiert, was ich so oft mitbekomme, dass in einem Kirchengemeinderat oder Ältestenkreis mal eben in 20–30 Minuten die Kartoffelgrafik vorgestellt wird. So verbrennen wichtige Instrumente, und wir müssen uns nicht wundern, wenn viele abwinken, weil sie meinen zu wissen, was Milieuforschung ist und was sie leisten kann.

Richtig ist also: Sozialwissenschaften sind beschränkt in ihrer Aussagekraft. Sie liefern keine theologischen Einsichten, aber wir sollten keine theologischen Aussagen über unsere Kirche formulieren, die an ihren Ergebnissen vorbeigehen. Sonst droht die Gefahr des ekklesiologischen

Doketismus[33]. Milieuforschung kann uns nicht sagen, was Kirche ist, aber sehr viel darüber verraten, wie die Menschen in unserer Gesellschaft Kirche sehen. Und das wiederum kann uns helfen, uns ggf. zu korrigieren und unseren Auftrag als Kirche – noch – besser wahrzunehmen. Es kann uns helfen, ihnen Partizipationschancen zu eröffnen, die sie schließlich Kirche im theologischen Sinne näherbringen.

MILIEUFORSCHUNG KANN UNS NICHT SAGEN, WAS KIRCHE IST, ABER SEHR VIEL DARÜBER VERRATEN, WIE DIE MENSCHEN IN UNSERER GESELLSCHAFT KIRCHE SEHEN.

Ich nenne an dieser Stelle nur ein Beispiel zur Veranschaulichung: Lebensweltforschung erlaubt uns wertvolle Kenntnisse über die Bindung von Menschen an die Kirche. Anders als die Lebensstilforschung, wie sie die KMU[34] einsetzt, kann man nicht nur sehen, wie nah oder fern Menschen der Kirche stehen, sondern wie konkret sich ihr Verhältnis zur Kirche aus der Logik der Lebenswelt ergibt, in der sie leben. Sinus-Studien zeigen:

- Es gibt in allen Milieus Kirchenmitglieder.
- Die Verteilung der Kirchenmitglieder in den Milieus liegt im Großen und Ganzen im Durchschnitt der konfessionellen Verteilung in der Gesellschaft. Ausreißer sind im Milieumodell von 2001 nur die *DDR-Nostalgischen* mit 12 % und die *Traditionsverwurzelten* mit 43 %. Die anderen Milieus liegen im Schnitt bei gut 30 %, und das trotz einer Jahrzehnte andauernden Kirchenaustrittsbewegung. Man darf folgern: Es gibt auch in den sogenannten kirchenfernen Milieus gute Gründe für Kirchenmitgliedschaft, die Menschen sich ja auch etwas kosten lassen.

---

[33] Doketismus steht als Begriff in der Dogmatik und Dogmengeschichte für eine Position, die nur eine scheinbare Wirklichkeit behauptet. Ekklesiologischer Doketismus spricht dann von einer Kirche, die es empirisch gar nicht gibt und die nur in theologischen Konzepten „existiert".

[34] Kirche in der Vielfalt der Lebensbezüge. Die vierte EKD-Erhebung über Kirchenmitgliedschaft, Hrsg. Wolfgang Huber/Johannes Friedrich/Peter Steinacker, Gütersloh 2006.

- Schaut man genauer hin, sieht man sogar, dass religiöse Fragen in nahezu allen Milieus eine große Rolle spielen.
- Der Knackpunkt ist nun aber: Die Art und Weise, in der Kirche goutiert wird, in der man nach Sinn fragt, in der man sich Kirche wünscht, ist von Milieu zu Milieu sehr different. Wir alle nehmen es wahr: Kirche als Interaktion, als Versammlung der Gläubigen an einem definiten Ort, findet immer weniger Echo. Kirche als Institution, die bestimmte Werte weltanschaulicher und ethischer Art vertritt, schon sehr viel mehr, aber in anderen Milieus. Kirche als Organisation, die eine punktuelle Lebensbegleitung an Orten der Lebensübergänge anbietet, ist für wieder andere ebenfalls interessant. Die Erwartungen an Kirche, das Bild von Kirche, die Wünsche an Kirche sind sehr unterschiedlich. Viele wollen gar nicht mehr Kirche als sie haben.

Milieuforschung kann dieses Faktum erhellen. Sie kann auch Prozentzahlen nennen. Aber sie nimmt uns nicht die Entscheidung ab, wie wir uns zu diesem Befund verhalten sollen. Sie kann nur beschreiben, sie hat keine normative Bedeutung. Das zu betonen, ist sehr wichtig, weil im Umgang mit Wissenschaften der naturalistische Fehlschluss lauert. Anwendungsorientiert wie wir sind würden wir ja nur allzu gerne sofort Konsequenzen ableiten. Aber genau das geht eben nicht. Um im Beispiel zu bleiben:

Dass Menschen zufrieden sind mit einer Kasualkirche, kann dazu veranlassen, genau dieses Verhalten „heiligzusprechen" – „Wenn Menschen das so wollen, dann wollen wir diese Form von Mitgliedschaft auch für ausreichend halten". – Man kann aber auch den entgegengesetzten Schluss ziehen: „Das müssen wir ändern. Kasualchrist sein ist zu wenig." Dass Menschen zufrieden sind, wenn sie punktuell mit Kirche Berührung haben, wird dann im Gegenteil dazu führen, dass wir Gemeindeaufbauprogramme entwerfen und fragen: „Wie kann man die Kontaktflächen und -mengen vergrößern?"

Sollen Menschen so dürfen, wie sie wollen, oder müssen sie so wollen, wie sie unseres Erachtens sollen? An dieser Stelle gibt uns Sozialwissenschaft und speziell Milieuforschung keine Entscheidung vor. Hier, an diesem entscheidenden Punkt, ist unsere ekklesiologische Position gefragt. Milieuforschung kann uns allenfalls eine Entscheidungshilfe liefern, etwa indem sie dafür die Augen öffnet, dass das Partizipationsverhalten am gegebenen kirchlichen Leben sich sehr unterscheidet, dass es mit hoher Stringenz verschiedenen Lebensweisen zugeordnet werden kann und dass sich beobachten lässt, dass die Nähe zum kirchlichen Leben abnimmt, je moderner bzw. postmoderner Menschen eingestellt sind.

Weitere Fragen, die Milieuforschung erhellen, aber nicht beantworten kann, lauten:

- Ist unsere *hidden Agenda*: Der Gottesdienstbesuch am Sonntagmorgen soll prozentual gesteigert werden?
- Akzeptieren wir auch Gemeinde an anderen Orten, am dritten Ort, in Formen, die nicht dem normalen Gottesdienst entsprechen?
- Konzentrieren wir uns auf unsere Stammklientel der *Traditionsorientierten* und *Konservativ-Etablierten*, oder wollen wir auch anderen Kirchenmitgliedern zu Partizipationschancen verhelfen, die ihrer Lebensweise angemessen sind und ihrer Lebensweltlogik entsprechen?

Alle diese Fragen kann Milieuforschung nicht entscheiden. Sie kann aber wichtige Hinweise und Informationen liefern, auf deren Basis wir fundiert entscheiden können.

Das heißt also: Das Aufrufen von Ressentiments gegen Sozialwissenschaft, auch Milieuforschung, gelingt protestantisch zuverlässig. Die notwendige kritische Betrachtung darf uns aber nicht den Blick dafür verstellen, was wir hier lernen können über unsere Gesellschaft und was wir profitieren können für unsere Kirche in dieser Gesellschaft. Empirische Sozialwissenschaft kann aufgrund ihrer beschränkten Warte tatsächlich nur beschreiben. Entscheiden müssen wir.

2.4 „Der Ansatz der Milieumodelle ist marktwirtschaftlich begründet und fragt angebotsorientiert. Kirche redet den Menschen aber nicht nach dem Mund. Das Sinus-Modell kommt aus dem Bereich der Marktwirtschaft. Es ist ein Marketing-Modell. Das passt nicht für Kirche und zum Evangelium!"

Richtig ist: Das Evangelium ist keine Ware, und – mit Paulus – „... wir sind ja nicht wie die vielen, die mit dem Wort Gottes Geschäfte machen" (2Kor 2,17).

Richtig ist: Wir wollen uns nicht von fremden Instanzen vorgeben lassen, was Kirche zu tun hat und wie sie sich präsentieren soll. Und wir sahen ja schon: Es sind deutlich zwei Fragen:

- Wofür *wollen* Menschen geworben werden?
- Wofür *sollen* Menschen geworben werden?

Nur wer das identifiziert, unterwirft Kirche dem Markt.

Wir sahen schon: Milieuforschung kann uns zeigen, auf welche sehr unterschiedlichen Haltungen wir bei Menschen stoßen, auf welche sehr differenten Glaubensweisen, auf welche sehr plurale Lebensweisen. Wie wir uns dazu verhalten, das ist eine Frage theologischer Stellungnahme. Das können wir gar nicht genug betonen.

Richtig ist aber auch: Die ideologiekritische Frage nach einer marktmäßigen, ihr Angebot an der Nachfrage orientierenden Formatierung von Kirche muss selbstkritisch zurückgewendet werden auf die schon bestehenden, gegebenen Formate kirchlichen Lebens. Die verschiedenen Kirchenstudien von Sinus® zeigen sehr deutlich: Die kirchlichen Veranstaltungsangebote erreichen sehr viele Milieus nicht. Sie zeigen aber ebenso deutlich: Das, was Kirche im Bauchladen hat, passt prima zur Lebenswelt, den Partizipationswünschen und Erwartungen eher prämodern ausgerichteter Milieus. Hier verhält sich Kirche bereits absolut nachfrageorientiert. Hier agiert sie absolut marktförmig. Hier fragt sie danach, wo sie und wie sie das meiste und stärkste Echo bekommt. Hier folgt sie bereits der marktwirtschaftlichen Regel, mit den gegebenen, immer begrenzten Ressourcen lieber die Zielgruppe noch besser zu erschließen, bei der man bereits relativ erfolgreich ist, als sich auf neue Zielgruppen zuzubewegen, mit denen man noch nicht soviel Erfahrung hat.

Auch hier stehen wir letzten Endes wieder vor theologischen Fragen und Entscheidungen: Ist eine prämoderne, *traditionsorientiert-konservative* Lebensform die natürlich christliche? Ist es quasi ein nicht zu änderndes Naturgesetz, wenn christliche Kirchen im Rahmen des neuzeitlich-modernen Säkularisierungsprozesses geradezu natürlich an Einfluss einbüßen? Besteht darum die Strategie in dem, was Papst Benedikt seiner Kirche konsequenterweise als „Entweltlichung“ empfiehlt? Müssen wir unsere Gemeindeentwicklungsprogramme dann eigentlich so gestalten, dass sie auf eine doppelte Buße hinauslaufen: auf eine Bekehrung zu einer prämodern-konservativ, traditionsorientiert-bürgerlichen Lebensform, die dann eine Nähe zum christlichen Glauben und eine Hinwendung zu Christus erst ermöglicht? Soll also die Kritik an marktförmiger Orientierung von Kirche im Grunde nur das eine bedeuten: Wir möchten gern so weitermachen wie bisher? Wir möchten allein den *traditionellen* Markt bedienen?

> **Die Kirche bedient im traditions-orientiert-bürgerlichen Milieu bereits erfolgreich die Bedürfnisse des Marktes.**

Oder gelingt es uns, das Evangelium auch in spätmodernen und postmodernen Zusammenhängen zu beheimaten? Stellen wir uns der im Grunde missionstheologischen Aufgabe der Kontextualisierung des Evangeliums in Zusammenhängen, die ihm von Natur aus fremd sind? Sind wir bereit, das als Aufgabe einer missionarischen Volkskirche zu begreifen, oder folgen wir einer restaurativen Perspektive?

Noch einmal: Das sind theologische, schließlich kirchenpolitische Fragen, keine solchen, die uns die Lebensweltforschung beantworten könnte. Letztere zeigt uns nur, wo wir Menschen de facto erreichen und wo nicht und wo unsere blinden Flecke liegen.

Richtig ist: Wir dürfen uns als Kirche nicht anpassen und nicht assimilieren. Aber haben wir das nicht schon viel zu sehr getan? Ist die sogenannte Kirchennähe bzw. Kirchenferne bestimmter Milieus nicht eigentlich präziser zu fassen als Nähe zur *gegebenen*, selber ein Milieu darstellenden, konkreten Gestalt von Kirche? Ist diese Gestalt, die in der Regel *prämodern-traditionsorientiert* ist, an manchen Stellen aber auch *konservativ-etabliert* oder *postmateriell* dominiert wird, in der im Regelfall jeweils ein oder zwei Milieus vorherrschen, identisch mit der Kirche als solcher?

Theologisch ist zu unterscheiden zwischen Assimilieren und Andocken. Es ist zu trennen zwischen *Sichanpassen* an das Fremde einerseits und Umgestalten des Fremden, Durchdringen einer Kultur mit dem Evangelium andererseits. Genau vor der letzteren Aufgabe stehen wir in einer nachmodernen Gesellschaft, in der neben prämodernen und modernen auch postmoderne Lebenswelten existieren, deren Bewohner zu einem erstaunlichen und erheblichen Prozentsatz an ihrer Kirchenmitgliedschaft festhalten, deren sich rasant entwickelnde Kulturen und Subkulturen aber bisher weder medial noch material kaum vom Evangelium durchdrungen sind. Die Fremdheit ist gegeben. Aber sie ist kein Naturgesetz, sondern eine Herausforderung. Wieder kann es ermutigen zu sehen, wie lange, wie viele Jahrhunderte es gebraucht hat, bis der christliche Glaube erfolgreich die etablierte Kultur durchdrungen hat und es zu einer Verschmelzung des Christlichen mit dem *Traditionsorientiert-Konservativ-Etablierten*, in diesem Sinne auch *Bürgerlichen* gekommen ist, nur dass heute eben diese Kultur bloß eine neben anderen darstellt und wir vor neuen kulturellen Herausforderungen stehen.

Genau dazu kann uns Milieuforschung ein Ansporn sein. Genau darin ist sie natürlich auch Dorn im Fleisch. Sie weist uns darauf hin, dass christliche Kirchen – im Gegensatz zu ihrem Anspruch, Volkskirchen zu sein – weithin und vielfach zu Milieukirchen degeneriert sind. Der Sonntagmorgen-Gottesdienst – ist er nicht vielfach eine A23-Veranstaltung? Hoch spezialisierte Milieukirchen bedienen mit einem sehr hohen Aufwand schwerpunktmäßig eine bestimmte Klientel. Und wehe, wenn sie es nicht tun! Ganz nebenbei stellt sich hier natürlich auch die Frage nach einem gerechten Umgang mit personellen und materiellen Ressourcen.

Und wie wird christlicher Glaube an Attraktivität, Pardon: an Ausstrahlungskraft, gewinnen, wo er neben der traditionellen musikalischen Hochkultur auch noch Hip-Hop und Volksmusik pflegt, wo er außer in Kirchenfunk und kirchlicher Presse auch noch massenhaft in Blogs und Homepages und noch ganz anders in Social Media präsent ist. Hier gehen wir gerade erst die ersten Schritte. Was für eine kulturelle Größe könnte er sein, wenn von einem Schauspieler nicht mehr nur geflüstert wird, dass er praktizierender Buddhist ist, sondern engagierter Christ; das Spiegel-Gespräch, in dem sich Thomas Gottschalk offen und profiliert zur lebensprägenden Bedeutung seines katholischen Glaubens bekannt hat[35], hat einiges an Staub aufgewirbelt. Wir bräuchten mehr davon, mehr auch von solchen Leuten, die als Christen mit den Neuen Medien umgehen können. Was würde es bedeuten, wenn Madonna sich nicht der jüdischen Kabbala verschrieben hätte, sondern dem christlichen Glauben?

Das heißt also: Die Wahrnehmung der fragmentierten, bunten, vielfältigen Lebenswelt bedeutet nicht *automatisch* Anpassung[36], sondern lässt nach Andockmöglichkeiten fragen. Die Lebensweltperspektive öffnet die Augen für die blinden Flecke kirchlichen Lebens – vielleicht sollte man angemessener von blinden Flächen sprechen – und lässt uns fragen, wie wir diese mit dem Evangelium erreichen und durchdringen können.

---

35 Jesus war auch mal ein Zecher, in: SPIEGEL 47/2011, 50-56.

36 Nur am Rande sei bemerkt, dass schon die Annahmen nicht zutreffen, das SINUS-Modell sei marktwirtschaftlichen Ursprungs und SINUS® sei ein Marktforschungsinstitut. Beides stimmt so nicht. Das Sinus-Milieumodell ist ein Kind der 68er-Bewegung und verfolgt schon vom Ursprung her sozial-emanzipative Interessen, vielleicht mehr, als einem „positivistischen" Wissenschaftsbegriff recht sein kann (vgl. dazu BERTHOLD FLAIG/THOMAS MEYER/JÖRG UELTZHÖFFER: Alltagsästhetik und politische Kultur. Zur ästhetischen Dimension politischer Bildung und politischer Kommunikation, 3. Aufl., Bonn 1997). Von seiner Arbeitsweise her ist SINUS® sowohl Sozialforschungs- als auch abgeleitet Marktforschungsinstitut. Der kulturhermeneutische Ansatz kann und wird in verschiedener Hinsicht fruchtbar gemacht.

2.5 „Milieuforschung präsentiert ein Bild von Gesellschaft, das nicht vom Evangelium geprägt ist. Sie fördert das Schubladendenken, zementiert Ekelschranken und ist letztlich ethisch nicht verantwortbar."

Auch über diese Frage haben wir schon nachgedacht (vgl. 18f., 79f.). Ich möchte an dieser Stelle nur kurz ergänzen und beispielhaft verdeutlichen: Richtig ist, dass Milieuforschung von der Segmentierung unserer Gesellschaft spricht. Sie markiert vor allem die sozialen und eben auch mentalen Unterschiede. Sie weiß um die Ekelschranken, die die einzelnen Milieus voneinander trennen. Sie beschreibt sehr anschaulich die Abwehrmechanismen, die die Angehörigen eines Milieus im Regelfall gegenüber Bewohnern anderer Lebenswelten haben. Wenn Sie als *Postmaterieller* in einem Fitnessklub verkehren, in dem ihnen vor allem körperbetont lebende Menschen begegnen und in dem mehr Türkisch und Italienisch gesprochen wird als Deutsch, zudem noch sehr laut, dann hilft Ihnen die Beschäftigung mit Milieufragen auf einmal, die eigenen Reaktionen besser und selbstkritisch zu deuten.

Wenn Milieuforschung tatsächlich, auch von führenden Kirchenleuten, vorgeworfen wird, sie vertrete (im Sinne von: propagiere) ein Gesellschaftsmodell, das durch Milieugrenzen und Ekelschranken bestimmt sei, dann melden sich hier schon einige Rückfragen:

- Wird hier nicht wieder der Bote geschlagen, weil einem die Botschaft nicht passt?
- Ist immer noch nicht verstanden, dass Sozialwissenschaft seit Max Weber deskriptiv verfährt und keinen normativen Anspruch vertritt, auch keinen der Art: So ist es, und so soll es sein?
- Kann hier nicht unterschieden werden zwischen dem Modell als Bild *de facto* gegebener und empirisch erhebbarer sozialer Wirklichkeit und dem idealen sozialphilosophischen Modell im Sinne einer *Utopie*, wie man sich Gesellschaft wünscht? Im Übrigen ist das von B. Flaig und anderen Anfang der 1970er-Jahre entwickelte Sinus-Modell von Anfang an politischer Bildung, also einer sozialkritisch-

emanzipativen Zielsetzung, verpflichtet gewesen.[37] Diese stellt den Entstehungszusammenhang der Sinus-Studien dar.

- Wäre es nicht besser, statt solche Augenöffner zu bekämpfen, Initiativen zu entwickeln und Ansätze zu schaffen, wie die Ekelschranken in der Gesellschaft relativiert und in der Kirche geschleift werden können? Können solche Schranken nicht erst bearbeitet werden, wenn sie zuvor eingestanden worden sind?

Die Milieumodelle sind nur die Augenöffner für Ekelschranken.

2.6 „Milieuforschung bedeutet keine theologische Methode. Sie ist Kirche und Theologie fremd."

Wir sahen schon: Lebensweltforschung hat eine sehr spezielle Perspektive. Diese bedeutet einen besonderen, hochkomplexen Zugang zur Gesellschaft und zur Rolle der Kirche in der sich verändernden Gesellschaft. Dieser Zugang und das Modell, was sich aus ihm ergibt, ist nicht ohne Weiteres theologisch adaptierbar, sondern bedarf eines ebenfalls komplexen Reflexionsganges, um die hier gewonnene Perspektive für Theologie und Kirche fruchtbar zu machen.

Richtig ist: Die Milieuperspektive ist kein theologisches Instrument, richtig ist aber auch: Sie hat eine theologische Relevanz, ich möchte behaupten: eine theologische Affinität, ja sogar theologische Dignität. Ich benenne einige Gründe:

1. Kirchliche Relevanz besitzt der Ansatz schon als Sehhilfe und Entscheidungsgrundlage für kirchliches Handeln. Auch für diese Brille gilt: Wer sie nicht aufsetzt, sieht weniger.
2. Relevanz besitzt Milieuforschung zweitens als Ansatz zu einer Kulturhermeneutik der Gegenwart. Warum ticken Menschen so unter-

---

[37] Vgl. etwa: Bodo Flaig/Thomas Meyer/Jörg Uelzhöffer: Alltagsästhetik und politische Kultur. Zur ästhetischen Dimension politischer Bildung und politischen Kommunikation, Bonn ³1997.

schiedlich? Wie lässt sich die Pluralität der Lebensweisen verstehen und ordnen? Theologische Relevanz gewinnt dieser Zugang dort, wo er in den Dienst der Kontextualisierung des Evangeliums in Zusammenhänge gestellt wird, die wir als „kirchenfern“ apostrophieren – ein Zustand, der ja nicht so bleiben muss.

3. Theologische, speziell ekklesiologische Relevanz ist aber bereits dort gegeben, wo Kirche die Blickrichtung verändert; wo Kirche sich nicht mehr fokussiert und ihr gegebenes kirchliches Leben; wo sie nicht mehr fragt, warum die Leute nicht zu ihr kommen, wo sie sich vielmehr fragt, warum sie nicht zu den Menschen geht; wo aus der Komm-Struktur also eine Geh-Struktur wird; wo sie sich von sich und ihren Wünschen weg- und den Fragen und Bedürfnissen der Menschen zuwendet. Man kann das nachfrageorientiert nennen, man kann hierin – und das liegt für Theologen und Christenmenschen insgesamt aber eigentlich näher – eine Nähe zum Kommunikationsstil und -modell des dreieinigen Gottes sehen, wie es uns etwa im Philipperbriefhymnus vor Augen gestellt wird (vgl. Kap. I, S. 13f.).

In dieser durch die Milieuperspektive angeregten Veränderung der Blickrichtung, in diesem Impuls, sich für den zu öffnen, der so ganz anders ist als ich, sehe ich nicht nur die theologische Relevanz der Milieuperspektive, sondern auch eine echte Affinität zum inkarnatorischen Kommunikationsstil des lebendigen Gottes, wenn wir ihm denn folgen. Die Milieuperspektive regt uns an, hinzugehen; uns nicht abzuschotten, sondern uns zu öffnen.

Schließlich erschließt Milieuforschung auch einen Zugang zur Würdigung der Vielfalt kultureller Erscheinungsformen und unterschiedlicher Lebensweisen innerhalb wie außerhalb der Kirche. Dieser die Pluralität der Kulturen wie Subkulturen wenigstens methodologisch berücksichtigende und insofern würdigende Ansatz erinnert Theologie und Kirche an eines ihrer zentralen anthropologischen Einsichten und Anliegen: Menschen dürfen sich individuieren. Weil jeder Mensch ein individueller Gedanke Gottes ist, deshalb ist Pluralität, Diversität der Lebensweisen und selbst spannungsvolle Unterschiedlichkeit der verschiedenen Lebensverhältnisse in erster Linie nicht ein Problem, sondern Ausdruck eines von Gott gewollten Reichtums. Wie wir diese Fülle, diesen Reichtum, packen, wie wir ihn lebensdienlich organisieren, das ist eine deutlich zweite Sache gegenüber dem Ja zur Individualität und das heißt Vielfalt, die uns vom Evangelium her entgegenkommt. Ekklesiologisch stehen wir hier vor der Herausforderung, die Einheit der Kirche nicht mit ihrer Uniformität gleichzusetzen. Außerdem müssen wir vielfach erst noch realisieren, dass eine kirchlich gelebte Monokultur ja gerade nicht die Einheit des Leibes Christi abbildet, sondern im Gegenteil exkludierenden Charakter hat und die ausschließt, die doch auch dazugehören oder gehören sollten.

Kirchlich gelebte Monokultur bildet gerade nicht die Einheit des Leibes Christi ab.

Das heißt also: Milieuforschung und Milieumodelle sind *keine* theologischen Methoden, aber sie besitzen kirchliche Relevanz, inkarnatorische Affinität und theologische Dignität. Ich möchte sehr ermutigen, mit diesem komplexen Instrument reflektiert, kontextualisiert und kritisch, vor allem selbstkritisch umzugehen.

3. Welche Missverständnisse naheliegen, wenn wir die Milieuperspektive anwenden

Die bunten Milieu-Landkarten sind sehr anschaulich. Sie haben eine suggestive Kraft, und sie scheinen bestimmte Schlüsse buchstäblich nahezulegen. Wir setzen uns mit einigen der wichtigsten Suggestionen kritisch auseinander, um bei der Anwendung der Milieubrille nicht ins Straucheln zu geraten.

Es gibt eine ganze Reihe von Missverständnissen oder auch Fehlschlüssen, die die Anwendung der Lebensweltperspektive blockieren können oder in die falsche Richtung zielen lassen.

3.1 Die Milieuperspektive als Last und Entmutigung

„Wir haben also nicht genug gemacht. Wir müssen also offenbar noch mehr machen. Haben wir versagt, bei allem, was wir getan haben?“

Es sind vor allem Pfarrerinnen und Pfarrer, auch engagierte Ehrenamtliche in Leitungspositionen, die so reagieren und empfinden. Es sind jene, die besonders sensibel Verantwortung wahrnehmen und die – milieusensibilisiert – entdecken: Wir erreichen sehr viele nicht. Die Lebensweltperspektive wird dann – nach einer kurzen Phase der Faszination über das, was es da noch alles zu entdecken gilt, sehr schnell zur Last, zur zusätzlichen Forderung, auch zur Überforderung.

Demgegenüber kann nicht genug betont werden:

- Gerade die Milieuforschung zeigt, wie „stark“ Kirche ist, wenn es um die Betreuung und Versorgung bestimmter Menschengruppen geht; gerade die Milieuperspektive macht deutlich, welche Stärken Kirche hat und wie gut sie im Bereich der *Traditionsorientierten* und *Konservativen*, teilweise auch im Bereich der *Bürgerlichen Mitte* ist. Die Kehrseite der Kirchenstudien lautet ganz klar: Kirche erreicht 2 1/2 Milieus unserer Gesellschaft durch die parochiale Organisation und v.a. durch das kirchengemeindliche Leben vor Ort. In diesem Bereich ist Kirche schon „richtig gut“.
- Die entscheidende Frage ist, ob die Zumutung richtig ist: *Wir, die wir hier, in bestimmten Milieus, eine gute oder sogar hervorragende Arbeit machen, die wir Menschen mit einer bestimmten Prägung erreichen, wir müssen jetzt auch noch alle anderen erreichen.* Konkret: Das ist Aufgabe des Pfarrers und der Parochie. Kirche lebt zwar sehr stark, aber doch nicht nur in diesen Arbeitszweigen und durch diese Hauptamtlichen. Es könnte verhängnisvoll sein, wenn die Parochie sich diesen Schuh zu schnell anzieht (s.u. unter 3.2); wenn sie etwa Gottesdienste so ausrichten möchte, dass diese für alle interessant sind und mit der resultierenden Mischkultur dann eventuell niemanden mehr erreicht, weder, die früher gerne gekommen sind, noch die, die man gerne zusätzlich erreichen wollte. Es könnte sein,

dass dieser – zugegebenermaßen naheliegende – Ansatz einen enormen Stress bedeutet, der mehr Schaden anrichtet, als er nutzt.

- Die anglikanische Kirche ist ganz bewusst einen anderen Weg gegangen, von dem wir hier in Deutschland vielleicht lernen können. Man spricht dort mit einem nur schlecht adäquat übersetzbaren Ausdruck von „mixed economy" und von „fresh expressions of church", „frischen Formen von Kirche". Gemeint ist: Neben die traditionellen Kirchengemeinden treten ergänzend andere, neu kreierte Formen von Kirche. Diese haben ihre eigenen Formen, ihre eigenen Formate, ihre eigenen Zeiten und Orte und sogar ihre eigenen Mitarbeiter. So ist es möglich, Lebenswelten zu erreichen, die jenseits der *Traditionellen Milieus* liegen, zu denen die angestammten Gottesdienstbesucher gehören.[38]
- Vielleicht müssen wir ja auch das Rad nicht neu erfinden. Vielleicht stellen sich viele Initiativen, die wir bisher eher geduldet, oder Sonderaufgaben, die wir eher mühsam zugelassen haben, im Licht der Aufgaben einer milieusensiblen Kirche anders dar und können anders gewürdigt, auch verstärkt werden.

FRESH EXPRESSIONS OF CHURCH: NEBEN DIE TRADITIONELLEN KIRCHENGEMEINDEN TRETEN NEUE, FRISCHE FORMEN VON KIRCHE.

3.2 Die Milieuperspektive als Überforderung der Ortsgemeinde

„Die Kirchengemeinden müssen sich für alle Milieus öffnen. Wir müssen versuchen, alle Milieus zu erreichen." (Vgl. hierzu die Überlegungen und Anregungen unter xx)

Klar ist:

---

[38] Vgl. als Einführung und Überblick: HEINZPETER HEMPELMANN/MICHAEL HERBST/MARKUS WEIMER (Hrsg.): Gemeinde 2.0. Frische Formen für die Kirche von heute, Neukirchen-Vluyn 2011.

- Die normalen Kirchengemeinden sind mit den Aufgaben, die sie haben, im Regelfall gut ausgebucht. Große Ressourcen, um noch mehr zu tun, sind oftmals gar nicht mehr da.
- Die Pfarrerin und der Pfarrer stammen selber aus einem bestimmten Milieu. Sie können ihre Prägung so wenig verleugnen wie andere Christen, auch wenn sie noch so gern milieuübergreifend missionarisch tätig wären.
- Es kann sogar gezwungen und nicht sehr glaubwürdig wirken, wenn jemand, der nicht wirklich einen Zugang zu einem Milieu hat, sich diesem nähert und dies als wenig authentische Anbiederung empfunden wird.

3.3 Die Milieuperspektive als Bedrohung des herkömmlichen Gottesdienstes

„Wir machen jetzt Gottesdienste, in denen alle Milieus angesprochen werden."

- „Wir machen jetzt Gottesdienste, in denen alle Milieus etwas für sich finden!" – Nur nicht! Wir sahen schon: Wer das durchführt, könnte erleben, dass die treuen Gottesdienstbesucher sich nicht mehr wohlfühlen und den Gottesdienst nicht mehr als ihre Veranstaltung erleben. Umgekehrt ist nicht klar, dass jetzt alle die kommen, die bisher nicht kamen. Dazu hat der Gottesdienst auch für sie noch viel zu viele Elemente, die nicht (zu ihnen) passen. Das fängt damit an, dass es vielleicht gar nicht zu ihrer Lebensweise passt, am Sonntagvormittag in die Kirche zu gehen. Sonntagvormittag – das ist Familienzeit. Oder noch anders: Knapp 40 % der berufstätigen Bevölkerung ist am Wochenende beschäftigt und kann vielfach gar nicht kommen. Mit anderen Worten: Gottesdienste für alle – das ist gut gemeint. Das war vielleicht einmal möglich, aber das entspricht den gesellschaftlichen Realitäten heute schon lange nicht mehr, von den mentalen Vorlieben einmal ganz abgesehen.

- Realistischer und Erfolg versprechender ist dagegen ein etwas bescheidenerer Ansatz: Wir versuchen, das gegebene Gottesdienstmilieu zu spreizen und fragen, welche benachbarten Milieus können wir eventuell ansprechen? Was ist dafür nötig? Das Milieumodell weist ohnehin Überschneidungen und Übergänge auf. Diese sind Hinweise dafür, dass dieser Weg gangbar ist. Es gibt sicher hochkulturelle Programme, die viele interessieren könnten: entsprechend gebildete Teile der *Bürgerlichen Mitte*, der *Konservativ-Etablierten* und der *Traditionsorientierten*. Es gibt Programme für Familie und Kinder, Partnerschaft und Lebensfragen, die – wenn sie entsprechend breit angelegt sind – für alle Milieus der Mitte interessant sein können. Dazu muss beim Gemeindefest nur auf ökologische Korrektheit ebenso geachtet werden wie darauf, dass sich die Sache lohnt. Einen Schritt weiter als die Milieuspreizung reicht der Versuch, Milieutoleranz gezielt und bewusst in kleinen und verkraftbaren Schritten einzuüben. *Milieutoleranz* ist dabei der fachwissenschaftliche Begriff für das, was wir philosophisch Einübung in den Umgang mit Alterität nennen oder geistlich schlicht das Ertragen dessen, was anders ist, und die liebevolle Hinwendung zu ihm. Eine ganz wichtige Rolle spielt dabei a) das Erklären und b) das Erleben. Wir gewinnen einen Zugang auch zum Fremden und Fremdartigen, vielleicht sogar ästhetisch Abstoßenden, wenn wir erleben, was es für andere Menschen bedeutet und wenn wir erklärt bekommen, warum es für andere wichtig ist. „Kirchenmusik, gar Lieder aus dem 17. Jahrhundert – das kann eigentlich heute nichts mehr sein. Schon die Sprache ist ja teilweise unverständlich. Orgelbegleitung – das ist das Sahnehäubchen auf eine verstaubte Kirche." – „Englische Lieder im Gottesdienst, in einem deutschsprachigen Gottesdienst – worin soll da der Sinn liegen?" Und dazu dann noch diese E-Gitarre mit Schlagzeug, das stört doch nur die Andacht. Jede Empfindung hat ihre Logik und insofern ihr subjektives Recht. Anders wird es dort, wo wir uns wenigstens ansatzweise aufeinander einlassen und einander erklären, warum uns diese jahrhundertealten Choräle von Paul

Gerhardt wichtig sind; was wir in ihnen finden, was es nirgendwo anders gibt. Wenn wir umgekehrt erklären, dass unsere Kommunikationswelt weitgehend englisch ist, dass Englisch für uns alles andere als eine Fremdsprache ist; dass Pop zu unserem Lebensgefühl gehört und dass wir unserem Glauben eine Sprache geben möchten, die zu unserem Leben passt. Was gibt es Schöneres, wenn dann im Gottesdienst im Laufe der Zeit die Lebenswelten tatsächlich in Geduld, Zuhören, Toleranz zueinander wachsen und hier möglich wird, was schon Paulus als Utopie von Gemeinde beschreibt: „Hier ist nicht Jude noch Grieche, hier ist nicht Sklave noch Freier, hier ist nicht Mann noch Frau; denn ihr seid allesamt einer in Christus Jesus“ (Gal 3,28).

Milieutoleranz: Das ertragen, was anders ist.

3.4 Die Milieuperspektive als Zementierung des Gegebenen

„Die Milieuforschung hat gezeigt: Kirche ist notwendig segmentiert. Da können wir nichts machen. Die Milieuforschung hat bewiesen, dass die Milieus nicht zusammenpassen.“

Wieder handelt es sich um ein fundamentales Missverständnis. Die Milieuforschung kann allenfalls beschreiben, was sie beobachtet. Und was sie beobachtet, ist nicht einfach gegeben. Sie spannt ein hochkomplexes theoretisches Netz auf, ohne das sie gar nicht zu Wahrnehmungen kommen könnte (s.o., S. 101f.). Zu diesem Theorie-Netz gehört der Begriff „Milieu“. In der Konsequenz bedeutet das:

- Milieuforschung kann uns sensibel machen dafür, dass Menschen die Tendenz haben, zusammenzuglucken mit ihresgleichen und sich gerne abschirmen gegen alle, die anders sind. Sie kann beschreiben, dass das sehr häufig passiert. Sie kann feststellen, dass das selbstverständlich auch in Kirche und Kirchengemeinden passiert, wo ja auch nur Menschen zusammen sind. Aber das bedeutet doch nicht, dass das ein Gesetz der Meder und Perser ist; dass das nicht auch anders sein könnte.

- Milieuforschung kann uns auf Defizite aufmerksam machen. Aber es wäre schon eine seltsame „Logik“, wenn man aus den Defiziten schließen wollte: Das darf, das kann, das muss jetzt so bleiben. Milieuforschung beschreibt nur, was sie beobachtet hat. Was wir ändern wollen, das ist unsere Sache, und für Christen gilt: Das ist eine Frage der Wirkung des Geistes des lebendigen Gottes.
- Wir werden im Gegenteil sagen: Wo, wenn nicht in der Kirche, kann es gelingen, Milieugrenzen durchlässig zu machen, kulturelle Gräben zu relativieren? Kann nicht der Glaube an den einen gemeinsamen Herrn, zu dem wir alle – vielleicht von ganz unterschiedlichen Ausgangspunkten her – zusammen unterwegs sind, uns mehr verbinden als alle Milieuunterschiede? Das freilich wird davon abhängen, ob es uns gelingt, Milieutoleranz einzuüben und mentale Unterschiede wie Differenzen im Lebensstil auch bewusst zu ertragen und aushalten zu wollen.

3.5 Die Milieuperspektive als Gefährdung der Einheit

„Wenn wir milieusensible Kirche werden, müssen wir die Einheit der Kirche aufgeben, weil Kirche in lauter Milieukirchen zerfällt. Wenn wir jetzt für alle Milieus Kirche bauen, wo bleibt dann die Einheit der Kirche? Setzen wir nicht bloß die Zersplitterung der Gesellschaft in der Kirche fort?“

Wir haben die Frage, wo denn die Einheit der Kirche bleibt, bereits mehrfach kurz angeschnitten. Wegen ihrer großen theologischen und geistlichen Bedeutung nehme ich sie hier noch einmal zusammenfassend auf. Richtig ist: Hier stehen wir vor einer großen Herausforderung. Es ist ja in der Tat leichter, einen Verein zusammenzuhalten, dessen Menschen mehr oder minder einheitlich geprägt sind. Genau darin besteht aber ja gerade das Problem. Die Einheit, deren Verlust schnell befürchtet wird, besteht ja aktuell auch nicht. Es gibt in erheblichem Maße in jedem Milieu Menschen, die sich zur Kirche halten, aber nicht am Gemeindeleben teilnehmen. Diese nicht gegebene Einheit hat bislang eher weniger gestört. Insofern ist es gut, dass Einheit im Zusammenhang um eine milieusensible und milieudifferenzierte Kirche überhaupt zum Thema wird.

Die Einheit der Kirche hat theologisch eine doppelte Gestalt. Zum einen ist sie eine in dem Herrn der Kirche vorgegebene geistliche Größe. Die ekklesiologische Sprache der Tradition spricht missverständlich von einer „unsichtbaren" Wirklichkeit. Gemeint ist: Es geht um eine Wirklichkeit, die real ist in einem geistlichen, nicht unbedingt empirisch erfassbaren Sinne. Andererseits fordert Jesus im Hohepriesterlichen Gebet diese Einheit seiner Jünger als missionarisches Zeichen ausdrücklich ein: „... damit sie vollkommen eins seien und die Welt erkenne, dass du mich gesandt hast und sie liebst, wie du mich liebst" (Joh 17,23). Beide Formen von Einheit stehen also nicht einfach nebeneinander. Auch wenn die Einheit des Leibes Christi gegeben, vorgegeben ist, besteht die Aufgabe, sie zu verwirklichen. Genau das ist die Herausforderung, vor der wir stehen. Inwieweit es uns gelingt, diese Einheit zu verwirklichen, hängt ganz stark davon ab, inwiefern wir daran interessiert sind, von den Erfahrungen und Prägungen der jeweils anderen auch zu profitieren; bei ihnen, die doch so ganz anders sind, auch auf Erfahrungen, wenn auch ganz andersartige Erschließungen der Glaubenswirklichkeit zu treffen; inwiefern die alten den neuen Milieus neben sich Raum geben; inwieweit es Anliegen der neuen Formate von Kirche ist, Kontakt zu halten zu der Parochie als Trägerstruktur kirchlichen Lebens. Und es wird natürlich auch davon abhängen, inwieweit diese Einheit kirchenleitend unterstützt wird: einerseits durch gezielte Förderung der fresh expressions, andererseits durch gezielte Einbindung dieser „neuen Pflänzchen im Weinberg des Herrn", damit diese weder verdursten, noch zum Wildwuchs werden.

Konkret können wir eine solche Einheit dort realisieren, wo wir

- in aller Unterschiedlichkeit gemeinsam miteinander unterwegs sein wollen,
- voneinander lernen wollen; wo wir davon profitieren wollen, wie die, die so ganz anders sind, denselben Gott erfahren; wo wir uns davon anregen und für unseren eigenen Glauben provozieren lassen,

- nach dem Evangelium fragen, auch darum ringen, das uns gemeinsam vorgegeben ist, das aber nicht nur eine subkulturelle Gestalt hat und das wir nicht milieuverengen dürfen, das sich uns vielmehr noch einmal ganz anders erschließt, wo wir andere denselben Gott ganz anders erleben sehen,
- neben bewährten auch frische Gestalten von Kirche nebeneinander und miteinander haben und genau darin der Einheit in der Vielfalt Ausdruck geben,
- neben dem parochialen Träger auch „Ausleger" zulassen, die weit auch in postmoderne Lebenswelten hineinreichen und dort Andockmöglichkeiten für das Evangelium bieten,
- uns um eine Struktur von Kirche bemühen, die flexibel ist und gerade so alles zusammenhalten kann,
- Orte haben, die mentalitätenspezifisch sind, und Orte, an denen gemeinsames kirchliches Leben stattfindet, etwa in gemeinsamen Festen, in denen Christen unterschiedlichster Art ihre Einheit in Christus manifestieren.

Wir erinnern uns an die grundlegenden biblisch-theologischen Überlegungen in Kap. I. (S. 13f.): Der Gott, der mit uns kommunizieren will, bleibt nicht bei sich. Er verlässt seine herrliche Welt und kommt zu uns. Er verlässt sein himmlisches und taucht ein in unser menschliches Milieu. Karl Barth spricht anschaulich vom Weg des Sohnes Gottes in die Fremde.

Der Gott, der Kontakt mit uns sucht, entäußert sich, entleert sich, entblättert sich seiner Göttlichkeit und wird Mensch wie wir. Noch einmal Karl Barth: Der Herr wird Knecht. Anders geht's nicht, als in dieser Bewegung herunter und hinein. Der Gott, der für uns ist, sieht ein: Er muss bei uns sein; unsere Wirklichkeit teilen. Weil er sich für uns interessiert, uns „liebt", ist er dabei, dazwischen, bei den Menschen und unter uns.

Der Niedrigkeitschristologie des Hebräerbriefes gelingen dabei atemberaubende Bestimmungen, so etwa, wenn sie davon spricht, dass der

Sohn Gottes an dem, was er leidet, an uns leidet, an unserem Anderssein, in der Fremde leidet – dass er daran lernt; dass er alle Dimensionen menschlicher Existenz teilt („in allem versucht wird gleich wie wir" [4,15]) und darüber (!) „ein barmherziger Hoherpriester wird (!)" [2,17; vgl. 4,14-16; 5,7-10]). Hier ist Kirche der Weg der Kenose, der Hinwendung, der Erniedrigung, heraus aus den sicheren Mauern gesicherter Identität und theologischer Intaktheit, hinein in die Anfechtung postmodernen Identitätsverlustes und in die Verunsicherung durch nichtchristliche Kontexte gewiesen. Einen ersten Schritt tut sie gerade dort, wo sie sich diese Wirklichkeit zeigen lässt, wo sie den Blick wendet, von innen nach außen, und wo sie sich vor die Entscheidung stellen lässt, ob sie sich auf diese tief zerklüfteten, fragmentierten und segmentierten Lebenswelten einlassen will.

VIII. Die Studie „Evangelisch in Baden-Württemberg"?

Was sind die ersten Ergebnisse?[39]

1. Zur Anlage der Studie

Die von der württembergischen und badischen Landeskirche gemeinsam in Auftrag gegebene Studie hat zwei Phasen mit unterschiedlichen Zielsetzungen: eine qualitative Forschungsphase und eine quantitative Erhebungsphase. Die Ergebnisse der Studie werden am Jahresende 2012 vorgelegt.

1.1 Was bedeutet „erste Phase der Studie"?

Die erste Forschungsphase hat qualitativen Charakter. Sie geht nicht in die Breite, sondern in die Tiefe. Sie ist „explorativ", d.h. erkundend und erprobend. Wir wissen ja über unseren Forschungsgegenstand, das evangelische Baden und Württemberg und die Perspektive von Nichtkirchenmitgliedern auf die Landeskirchen, empirisch abgesichert nichts. Wir haben begründete Vermutungen. Wir können ausgehen von dem, was Untersuchungen über die katholische Kirche gezeigt haben. Aber kann sich das nicht auch sehr von dem unterscheiden, was für eine im Südwesten Deutschlands doch sehr verwurzelte evangelische Kirche gilt? Zudem liegen spezielle Untersuchungen für den

---

[39] Auf meiner Website www.heinzpeter-hempelmann.de finden sich nicht nur die Berichte vor der Landessynode der Evangelischen Kirche in Württemberg, sondern auch Material zur Auswertung, das laufend ergänzt wird (rechte Spalte, „Texte zu Milieufragen").

katholischen Südwesten nicht vor. Für die erste Phase der Studie haben wir darum Thesen formuliert, aus denen ein umfangreicher Fragebogen, der als Gesprächsleitfaden verwendet wurde, entwickelt wurde.

K5 Welcher der folgenden Sätze beschreibt am besten Ihr Verhältnis zur evangelischen Kirche? (Vergleichsfrage)	
Nur eine Nennung!	
Ich bin gläubiges Mitglied der evangelischen Kirche und fühle mich mit ihr eng verbunden	❑
Ich fühle mich der evangelischen Kirche verbunden, auch wenn ich ihr in vielen Dingen kritisch gegenüberstehe	❑
Ich fühle mich als Christ(in), aber die evangelische Kirche bedeutet mir nicht viel	❑
Ich bin religiös, fühle mich aber nicht als Christ(in)	❑
Ich lebe meine religiösen Bedürfnisse ganz individuell, jenseits der bestehenden Religionen	❑
Ich fühle mich unsicher und weiß nicht, was ich glauben soll	❑
Der Glaube sagt mir nichts; ich brauche keine Religion	❑
Unmöglich zu sagen	❑

Fragen aus dem Gesprächsleitfaden

In diese Fragenbatterie geht natürlich die These ein, dass es sich um repräsentative Einstellungen handelt und dass wir damit die Bandbreite dessen abdecken, was es an Haltungen in unserer Zielgruppe gibt. Die Interviews, die diese Fragen zum Ausgangspunkt nehmen, müssen das bestätigen oder korrigieren.

Die Interviewer gehen den Fragebogen mit den Befragten durch. Mehr als begründete Vermutungen und offene Fragen können das aber nicht sein. Zu diesen Vermutungen gehört auch, dass die 10 Milieus, die SINUS® unterscheidet, auch für unsere Zusammenhänge sinnvolle, d.h. unterscheidbare Typen mit signifikanten Einstellungsunterschieden bilden. Die Mitarbeiter von SINUS® sind den von uns gemeinsam abgestimmten Leitfaden in 100 Einzelinterviews durchgegangen. Dabei haben wir auf regionale Streuung in Baden und Württemberg geachtet. Das bedeutet nicht nur, dass wir Befragungen auf dem Gebiet von Baden und Württemberg durchgeführt haben, sondern auch, dass die verschiedenen Regionentypen berücksichtigt werden. Lebt jemand auf dem Land oder in einer Kleinstadt, in einer City, im Einzugsbereich einer Metropole? Und wir haben natürlich dafür gesorgt, dass jedes der 10 Milieus berücksichtigt wird. Für jedes der 10 Sinus-Milieus sind fünf Frauen und fünf Männer befragt worden. Bei diesen wiederum war es wichtig, in etwa repräsentative Alterslagen zu erreichen. Im Regelfall hat so ein Interview ca. zwei bis zweieinhalb Stunden gedauert. Dabei kam es nicht nur darauf an, die Fragebögen Punkt für Punkt durchzugehen. Die Interviewten sollten sich v.a. spontan und ungesteuert äußern. Die Interviewer hatten die Vorgabe, die Befragten wenn möglich reden zu lassen. Nur so werden ja Zusammenhänge in den Einstellungen, Lebensweltlogiken und Kommunikationsstrukturen im Gegenüber zur Kirche deutlich. Der Gesprächsleitfaden hatte die Aufgabe, dafür zu sorgen, dass alle relevanten Gesichtspunkte vorkommen und nicht verloren gehen.

1.2 Eine Kirchenstudie, die über den Tellerrand schaut

Ein zentrales Anliegen der Auftraggeber der Studie war es, sich nicht allein auf die Einstellungen und Verhaltensweisen von Kirchenmitgliedern zu beschränken. Ich halte es für außerordentlich wichtig, dass wir auch etwas erfahren wollen zu den Einstellungen von Menschen, die gar nicht zur Kirche gehören. Im Auftrag an das Sinus®-Institut stand dazu im Pflichtenheft: „Eine Besonderheit der ersten Phase ist es darum, dass wir keine reine Kirchenstudie durchführen. Der „Stichprobenansatz“ setzt sich zusammen „aus 60 […] Mitgliedern der beiden Landeskirchen und 40 […] Nicht-Mitgliedern, die für die evangelische Kirche grundsätzlich erreichbar sind.“ Diese Kombination von Kirchenstudie und Blick über den Tellerrand ist ein Alleinstellungsmerkmal unter allen deutschen Sinus-Kirchenstudien. Wir werden Protokolle der anonymisierten Tiefeninterviews bekommen. Diese stellen einen ungeheuren Schatz dar. Wir sind nicht mehr auf Vermutungen darüber angewiesen, wie Menschen außerhalb der Kirche über Glaube, Gott und Gemeinde denken, wie sie religiös ticken, sondern bekommen authentische Zeugnisse, missionarisch hochrelevantes Material.

Zum Know-how des Sinus®-Instituts gehört ein Fundus von Beziehungen in verschiedenste Milieulagen hinein. Mitarbeiter des Instituts verfügen über und rekrutieren ständig neu Kontakte zu Menschen, die den Anforderungsprofilen für die Befragungen entsprechen. Ein wissenschaftliches Board überprüft diese Zuordnungen dann noch einmal und schaut auf Schlüssigkeit. Befragt werden also auch Nichtkirchenmitglieder, aber etwa keine Muslime oder Angehörige anderer Religionen. Eine der Aufgaben der Sinus-Studie ist es ja, „die Gründe für und gegen eine Kirchenmitgliedschaft bzw. für und gegen eine Beteiligung am kirchlichen Leben und die dahinterliegenden soziokulturellen Logiken in Erfahrung zu bringen, um entsprechende Kirchenbindungsmaßnahmen entwickeln zu können“[40]. Es schien uns sinnvoll zu sein, zu diesem Zweck nicht nur auf Kirchenmitglieder zu hören, sondern uns auch dem Blick von außen zu stellen, der – wie sich gleich als ein bemerkenswertes Ergebnis zeigen wird – sehr kirchenverbunden sein kann.

---

[40] Aus dem Pflichtenheft und der Aufgabenbeschreibung für die Sinus-Studie.

Aufgabe der geplanten Milieustudie ist es,

- → einen detaillierten Einblick in die heute in Baden-Württemberg existierenden Lebenswelten der Evangelischen zu geben;
- → ihre weltanschaulichen, religiösen und kirchlichen Orientierungen besser zu verstehen, um mehr darüber zu erfahren, welche Milieus faktisch im Fokus kirchlichen Handelns stehen und welche derzeit eher weniger oder nicht erreicht werden;
- → die Gründe für und gegen eine Kirchenmitgliedschaft bzw. für und gegen eine Beteiligung am kirchlichen Leben und die dahinterliegenden soziokulturellen Logiken in Erfahrung zu bringen, um entsprechende Kirchenbindungsmaßnahmen entwickeln zu können;
- → zu erheben, welche Lebenswelten evangelische Freikirchen und neupietistische Gemeinschaften erreichen, wie ihre Stellung zur evangelischen Kirche gesehen wird und worin ihre Attraktivität besteht;
- → in Erfahrung zu bringen, wie die mediale Rezeption von Glauben in den verschiedenen Lebenswelten vor sich geht, um daraus praktische Hinweise für eine effiziente Medienkommunikation zu gewinnen;
- → aus sozialwissenschaftlicher Perspektive Einsichten abzuleiten, wie evangelische Kirche in Baden-Württemberg dem soziokulturellen Wandel entsprechen kann.

Aufgabenstellung der Milieustudie

1.3 Was passiert in der zweiten Phase der Studie?

In der zweiten Phase, die Anfang Juni 2012 begonnen hat, werden bevölkerungsrepräsentativ 2000 Personen in Telefoninterviews von 20–25-minütiger Dauer befragt. Die Erhebung ist repräsentativ bezogen auf die Grundgesamtheit aller Haushalte in Baden-Württemberg, in denen mindestens eine Person lebt, die der evangelischen Kirche angehört und über 18 Jahre alt ist. Grundlage ist hier ein breiter ausgreifender Fragebogen, der ebenfalls von SINUS® in Zusammenarbeit und

Abstimmung mit uns erarbeitet worden ist. Ziel ist es, zu Verdichtungen von Einstellungsmerkmalen zu kommen, die auf statistischen Häufungen beruhen. Einfacher ausgedrückt: Wir fragen nach typischen Einstellungen zu Glauben, Religion und Kirche.

Der Fragebogen für die repräsentative, quantitative Studie umfasst 42 Fragen, die durchgegangen werden. Natürlich sind das nicht alle Fragen, die theologisch relevant wären. Aufgrund der Erfahrung von früheren Kirchenstudien ist aber die These, dass diese Fragen repräsentativ sind und dass über das Abfragen dieser und weiterer Einstellungen wichtige Haltungen zum Vorschein kommen. Die Formulierungen sind so gehalten, dass sie passen, also eine Identifikation oder Distanzierung etc. ermöglichen.

Wir verbinden diese Erhebung mit den lebensweltlichen Hintergründen, sprich 10 Sinus-Milieus. Wir erwarten, dass uns dies zu signifikanten Ergebnissen führt und dass wir statistisch untermauert Einstellungstypen unterscheiden können. Einfacher ausgedrückt: Wir rechnen damit, dass sich die Unterschiede, die wir auch sonst zwischen den Milieus feststellen, auch in unterschiedlichen Haltungen zu evangelischer Kirche, Glaube, Gott niederschlagen.

		Trifft über-haupt nicht zu 1	Trifft eher nicht zu 2	Trifft eher zu 3	Trifft ganz genau zu 4
1	Ich habe Interesse an kirchlichen Themen	❑	❑	❑	❑
2	Ich spüre Gottes Gegenwart in meinem Leben	❑	❑	❑	❑
3	In Glaubensdingen habe ich immer wieder Zweifel	❑	❑	❑	❑
4	Ich finde es schwer, mit anderen über meinen Glauben zu sprechen	❑	❑	❑	❑
5	Der Glaube gibt mir inneren Halt	❑	❑	❑	❑
6	Den Glauben brauche ich nur, wenn es mir schlecht geht	❑	❑	❑	❑
7	Beten gehört in meinem Alltag dazu	❑	❑	❑	❑
8	Der christliche Glaube ist für mich Lebensgrundlage	❑	❑	❑	❑
9	Es ist mir wichtig, einmal kirchlich bestattet zu werden	❑	❑	❑	❑
10	Ich bin nur deshalb in der Kirche, weil meine Eltern auch in der Kirche sind bzw. waren	❑	❑	❑	❑
11	Ich würde mich gerne mehr in der Kirche einbringen	❑	❑	❑	❑
12	Ich habe am Sonntagvormittag Besseres zu tun als in den Gottesdienst zu gehen	❑	❑	❑	❑
13	Ich möchte, dass die Kirche zu gesellschaftspolitischen Fragen Stellung nimmt	❑	❑	❑	❑
14	Ich möchte, dass die Kirche den Dialog mit dem Islam verstärkt	❑	❑	❑	❑
15	Die evangelische Kirche passt nicht mehr in die heutige Zeit	❑	❑	❑	❑

Fragen der 2. Studienphase

1.4 Augenmerk auf Gemeinschaften und unabhängige Gemeinden

In dieser zweiten Phase wollen wir einer vermuteten Besonderheit der Kirchen im Südwesten besonders nachspüren. Deshalb fragen wir nicht nur nach den Einstellungen zu neupietistischen Gemeinschaften, sondern auch, inwieweit unabhängige Gemeinden und Gemeinschaften für Mitglieder der Kirche eine manifeste Rolle spielen. Eine Frage war etwa: Inwieweit gehören Befragte als Kirchen- oder Nicht-Kirchenmitglieder einer „anderen Gemeinde oder Gemeinschaft an, die nicht zur Landeskirche gehört".

1.5 Wie sich die Vorteile der beiden Teile der Studie verbinden lassen

In der ersten, qualitativ orientierten Forschungsphase wurden nur vergleichsweise wenige Personen befragt. Dafür bot die aufgewendete Zeit die Möglichkeit, recht tief in die Frage nach der Beziehung zur Kirche und zu Glaubenshaltungen einzudringen. Umgekehrt dauert die Erhebung in der zweiten, auf Quantität abhebenden Phase zwar nur jeweils 25 Minuten, dafür ergibt sie ein repräsentatives Bild. D.h., wir können ziemlich gut sagen, in welcher Verteilung wir welche Einstellungen finden und dementsprechend Mitgliedertypen quantifizieren. Mit welchen Einstellungen haben wir in welcher Verteilung zu rechnen? Beide Zugangsweisen haben für sich genommen Vor- und Nachteile. Der Clou besteht in der Kombination der beiden Perspektiven, die die jeweiligen Stärken kombiniert – hier die Repräsentativität, dort die detaillierte Erfassung in der Tiefe. So lässt sich einerseits einschätzen und quantifizieren, wie bestimmte qualitativ erhobene Einstellungsmuster und Verhaltenstypen verbreitet sind; umgekehrt lassen sich die weniger aufwendig erhobenen, statistisch verteilten Milieutypen auf der Basis der qualitativen Tiefenexplorationen illustrieren. Dieses Verfahren erspart uns 2000 Tiefeninterviews, die nicht finanzierbar wären.

1.6 Wie geht es weiter?

Die erste, qualitative Forschungsphase haben wir im Mai pünktlich und programmgemäß abschließen können. Die zweite Feldphase läuft. Ab Juli 2012 wird die Studie mit den Mitarbeitern von SINUS® Zug um Zug ausgewertet. Erhebung und Auswertung sollen im Oktober abgeschlossen sein. Im November werden dann erste Ergebnisse des zweiten Teils der Studie vorliegen.[41]

Es wird eine umfangreiche wissenschaftliche Dokumentation geben, dazu eine Studie, welche Konsequenzen sich für die verschiedenen kirchlichen Handlungsfelder nahelegen mit einer ganzen Reihe von Impulsen. Wir werden uns hier bemühen, möglichst viele Bezüge zu dem herzustellen, was ja schon getan wird.

Und dann beginnt die eigentliche Arbeit erst:

- Wie kommunizieren wir die Ergebnisse der Studie? Wie erreichen wir, dass sie auf den verschiedenen Ebenen und Gebieten landeskirchlichen Lebens ankommt?
- Wie helfen wir auf breiter Basis zu einem sachgerechten Umgang mit diesem hochelaborierten sozialwissenschaftlichen Instrument? Wir brauchen geschulte Multiplikatoren, die kompetent sind und andere anleiten.
- Vor allem aber: Wie vernetzen wir die Ergebnisse, die wir hier gewinnen, mit der ungeheuren Vielfalt kirchlichen Lebens und Handelns? Wir brauchen einen Werkzeugkoffer, der hier sehr praktische, handhabbare Instrumente in die Hand der Mitarbeiterinnen und Mitarbeiter gibt.

Hier sehe ich einen enormen Beratungs- und Abstimmungsbedarf. Einen ersten wichtigen Schritt haben wir schon getan. Wir haben ein anspruchsvolles Fortbildungsprogramm entwickelt, dessen Curriculum sich sehen lassen kann. Zertifizierte Multiplikatoren sollen als Helfer,

---

41 Vgl. ab diesem Zeitpunkt www.heinzpeter-hempelmann.de.

Begleiter und Transmissionsriemen unterwegs sein. Eine Fortbildungsveranstaltung gab es bereits. Zwei weitere sind in gemeinsamer Trägerschaft von ELKWü und EKiBa für den Dezember 2012 und den März 2013 geplant. Auch der Werkzeugkoffer ist schon in Arbeit. Es ist hilfreich, dass wir Erfahrungen mit EKD-Pilotprojekten in Baden und Württemberg, die bis zu 2 Jahren laufen, auswerten können.

1.7 Was Sie bei der Auswertung des ersten Studienteils beachten müssen

Um die Ergebnisse der Umfrage richtig einordnen zu können, bitte ich Sie, Folgendes zu beachten:

1. Wir haben es, wie ich bereits betonte, zunächst mit einer qualitativ-explorativen Studie zu tun. D.h., wir haben zunächst nur die *Bandbreite* von Haltungen erhoben. In welcher quantitativen *Verteilung* diese vorliegen und wie die Einstellungen mit bestimmten Milieus verbunden sind, das können wir erst sagen, wenn die quantitative Studie vorliegt. Wir erheben also nur vorhandene Haltungen. Über deren Verbreitung können wir erst etwas sagen, wenn der zweite Teil der Erhebung ausgewertet ist. D.h., wir müssen uns zum jetzigen Zeitpunkt vor Quantifizierungen („Wie häufig ist eine Einstellung?“) hüten.
2. Wir bemühen uns zunächst nur um die Wahrnehmung. Eine solche Studie hat nur dann Wert, wenn wir bereit sind, auch aufzumerken. Die Sorge vor möglichen Konsequenzen darf nicht die Wahrnehmung verstellen. Welche Konsequenzen wir zu ziehen haben, gibt uns eine empirische Studie nicht vor. Sie kann es nicht tun. Sie beschreibt ja nur. Sie wertet noch nicht einmal. Was für Schlussfolgerungen wir ziehen, ist allein eine Frage des unter uns herzustellenden geistgewirkten Konsenses. Nur weil Menschen, vielleicht sogar sehr viele Menschen, sich Kirche in einer bestimmten Weise wünschen, müssen sich die verantwortlichen Leiter nicht unbedingt danach

richten. Verantwortliche Leiter werden aber an den entsprechenden Befunden auch nicht achselzuckend vorbeigehen.

2. Was sind erste relevante Befunde?

Erste Befunde der ersten Teilstudie möchte ich nun präsentieren. Es handelt sich nicht um die Endauswertung, die qualitativ und quantitativ viel mehr Gewicht hat, die aber erst im November 2012, also nach Drucklegung dieses Busches, vorliegen wird.[42]

Ich sehe im Wesentlichen nach mehreren Klärungs- und Beratungsprozessen vier interessante Komplexe. In manchem sind wir in unseren Vermutungen bestätigt worden. So hat sich etwa bestätigt, dass die Haltungen zur Kirche sehr disparat sind. Spannend wird es sein, Verteilungen auf die verschiedenen Milieus zu bekommen. Vieles, was wir jetzt schon feststellen können, deckt sich auch mit den Untersuchungen für die katholische Kirche, so etwa die Wahrnehmung, dass es in allen Milieus Kirchenmitglieder gibt. Aber auch hier wird die quantitative Verteilung wichtig sein, zu der wir jetzt noch nichts sagen können.

Besonders bemerkenswert scheinen folgende vier Befunde zu sein:

2.1 Wir finden keine „Utopie von Kirche“

Es findet sich in der Stichprobe keine ausgeprägte Kirchenkritik, die mit bestimmten Utopien von Kirche verbunden wäre, nach dem Motto: „Kirche müsste eigentlich so sein. Kirche müsste eigentlich diese und jene Gestalt haben. Sie müsste sich so und so verändern, damit wir ein Ja zu ihr finden etc.“ Hier besteht ein erheblicher Unterschied zu den Sinus-Kirchenstudien für die katholische Kirche:

---

[42] Vgl. dann www. heinzpeter-hempelmann.de

> „Die evangelische Kirche gilt als freier, offener, liberaler, lebensnäher als die katholische Kirche – konkretisiert an Zölibat, Frauenordination, Umgang mit wiederverheirateten Geschiedenen und Menschen mit unterschiedlicher sexueller Orientierung. Die katholische Kirche, so die vorherrschende Meinung, bietet dagegen „schöne Rituale", ist „mehr fürs Herz" und „steht fester auf den Grundlagen des Christentums". (5)[43]

Kirche zeigt sich in den qualitativen Interviews weithin als Institution mit höchstem Ansehen; ihre Personen genießen eine hohe moralische Anerkennung, werden freilich auch an den entsprechenden Maßstäben gemessen. Das heißt konkret:

- Kirchliche Mitarbeiter/innen haben Vorbildfunktion. Es gilt daher auch:
- Das Verhalten des kirchlichen „Bodenpersonals" wird an diesem moralischen Anspruch gemessen.
- Umgekehrt wünscht man sich mehr Toleranz von Kirche gegenüber den Unzulänglichkeiten und Brüchen im Leben (12).
- Wie mich der Pfarrer, die Religionslehrerin, die Kindergärtnerin und der Mitarbeiter im Kindergottesdienst behandelt, das bedeutet etwas. Die Begegnung kann ermutigen wie traumatisieren. Es gibt eine hohe Sensibilität für eine kirchliche Urteilshaltung. Von Kirche möchte man keine Vorschriften und Gebote, sondern Hilfe und Beistand. Der Pfarrer/die Pfarrerin wird als Seelsorger und Begleiter gewünscht.
- Menschen wünschen sich, mit Personen Kontakt zu haben, die als offizielle Repräsentanten von Kirche gelten.
- Nichtmitglieder möchten bezeichnenderweise von Kirche nicht ausgegrenzt oder gar verurteilt werden.

---

[43] Ich zitiere nach: SINUS®-Institut: Evangelisch in Baden-Württemberg. Interner Zwischenbericht, Heidelberg, 26. April 2012. Die Seitenzahlen im Text beziehen sich auf dieses Dokument.

- Auffällig ist ein Befund. Ausgerechnet die Zielmilieus sozialen Handelns (*Traditionsorientierte, Prekäre und Hedonisten*) haben in den gegebenen Stichproben „am häufigsten Kritik an kirchlichen Einrichtungen“ geübt:

> „Beschäftigte würden bei der Kirche schlecht behandelt, es gäbe viele 1-Euro-Jobber, in Tafelläden würden ‚Ausländer absahnen, sobald einer in der Familie Hartz-IV hat‘ etc. Man selbst fühlt sich in diesen Einrichtungen oft ‚schlechter als man ist‘, nämlich unzureichend oder ungenügend in den Augen der Berater, wahrgenommen lediglich als ‚Problemfall‘. Für diese Milieus ist auch die strukturelle Anbindung von Einrichtungen am wenigsten erkennbar. Zitat: ‚… bei der AWO. Kann sein, dass das von der Kirche ist.‘“ (7)

Es wird sich zeigen, ob sich dieser Befund erhärtet.

- Wegen des hohen Ansehens von Kirche wünschen sich Befragte, dass Kirche sich noch mutiger in den gesellschaftlichen Diskurs einbringt und eine „starke Stimme für die Schwachen“ ist. Aber auch die neuen sozialen Aufgabenfelder soll sie wahrnehmen und „nicht nur Seniorennachmittage“ durchführen (12).
- Kirche hat Bedeutung. Die Interviewten unterscheiden aber zwischen persönlicher und gesellschaftlicher Relevanz. Kirche erscheint als ein wichtiger Bestandteil des gesellschaftlichen Lebens – unabhängig davon, ob man zur Kirche gehört oder nicht. Die sozialen Einrichtungen, die sie betreibt, wie Kindergärten, Krankenhäuser, Sozialstationen, Tafelläden oder Beratungsstellen, sind unverzichtbar. Selbstverständlich werden der Kirche neben sozialem Engagement auch Wertevermittlung und die Kommunikation von Hochkultur (beispielhaft Kirchenkonzerte) zugeordnet. Die persönliche Bedeutung von Kirche hängt aber nicht von formaler Zugehörigkeit zur Kirche ab, sondern davon, ob man sich mit Kirche verbunden fühlt. Wir kommen darauf zurück.

Reflexion

KIRCHE HAT EIN HOHES RENOMMEE IN DER GESELLSCHAFT.

1. Der Befund ist ambivalent. Kirche hat ein hohes Renommee in der Gesellschaft. Sie ist moralische Instanz, diakonische Helferin, vermittelt die Hoch- als Leitkultur. Andererseits fällt vor diesem Hintergrund die Beantwortung der Frage schwer, wie Kirche so werden kann, dass sie „Kirche für mich" ist und wird. Da helfen natürlich konkrete Defizitanzeigen und – positiv gesprochen – Utopien mehr.
2. Kirche ist eine Institution in Distanz. Kirche ist gerade als hochmoralische Anstalt „fern". Die Frage „Gehöre ich dazu?" liegt nahe, ebenso auch die Sorge: „Wird man mich nicht verurteilen? Wie werden die mich beurteilen, wenn die mich womöglich näher kennenlernen?"
3. Kirche ist eine „abrufbare Option" (7). Sie ist nicht geliebt, aber nützlich; nicht begehrt, aber sinnvoll.
4. Kirche wird sich fragen müssen, inwieweit sie sich mit dem hier deutlich gewordenen Bild als hochkulturelle und moralische Anstalt identifizieren möchte und inwiefern sie mit diesem Profil anschlussfähig bleibt.

Konsequenzen

Wie sehen uns die, die nicht zur Kirche gehören, aber auf Kirche stoßen und die für Kirche erreichbar sind? Wie sehen uns die, die zur Kirche gehören, an ihrer Mitgliedschaft festhalten, aber nicht am kirchengemeindlichen Leben vor Ort partizipieren? Wir können auch ganz frech fragen: Wie sieht „uns" die Mehrheit? Welche Bedeutung hat das für uns? Inwieweit wollen wir darauf Einfluss nehmen? Welche Konsequenzen haben die schon hier deutlichen Befunde für unser Ringen um „Kirche 2030"?

Es ist auffällig, dass so deutlich zwischen persönlicher und gesellschaftlicher Bedeutung von Kirche unterschieden wird. Wo dreht sich Kirche um gesellschaftlich relevante Achsen, wo ist sie für Menschen in ihrer persönlichen Lebenssituation relevant?

KIRCHE IST EINE „ABRUFBARE OPTION".

2.2 Wir finden keine unmittelbare Korrelation von Kirchennähe und Kirchenmitgliedschaft

Die Interviews lassen erkennen, „dass Kirchenmitgliedschaft und Kirchennähe nicht unmittelbar miteinander zusammenhängen" (9). Dieser eigentlich selbstverständliche Zusammenhang versteht sich eben nicht mehr von selbst. Der Befund ist an mehreren Stellen zu greifen:

- Es gibt Kirchenmitglieder, denen ihre Kirchenmitgliedschaft für sich selbst offenbar wenig bedeutet, die aber die Kirche unterstützen wollen, weil sie eine wichtige soziale Funktion („für andere") wahrnimmt. Umgekehrt gilt:
- „Es gibt Nicht-Mitglieder, die sich am Gemeindeleben beteiligen oder sich in intensiven Gesprächen mit Pfarrerinnen und Pfarrern, die zu ihrem Freundes- und Bekanntenkreis gehören, mit dem Thema „Kirche" befassen." (9) Das ist doch spannend: Da mögen uns Leute, halten sich zur Kirche, schätzen sie – und gehören nicht, ich zögere zu sagen: dazu – nicht zu uns.
- Kirchenaustritte sind ebenfalls kein verlässlicher Indikator für Kirchenferne. Es gibt sogar Hinweise, dass sich Ausgetretene einen Kontakt mit der Kirche wünschen, die sie verlassen haben, und äußern, eine Kontaktaufnahme durch den Pfarrer/die Pfarrerin hätten sie begrüßt. Paradox formuliert: Verbundenheit mit der Kirche – in einem theologischen Sinne – kann mich zum Kirchenaustritt führen und hernach die Verbindung zur verfassten Kirche vermissen lassen.
- Der Grad der Verbundenheit mit der Kirche und die Häufigkeit des

Gottesdienstbesuches stehen ebenfalls nicht in einer engen Korrelation miteinander. Ich gehöre natürlich zur Kirche, arbeite intensiv und gerne auf verschiedenen Feldern mit. Aber am Sonntagmorgen in der Kirche – da bin ich eher nicht oder selten. Kirchenmitglieder pflegen vielmehr unterschiedliche Arten der Beteiligung. Wir werden unter 2.3 darauf zurückkommen. Und wir werden nach der Phase 2 unserer Studie etwas mehr über die milieuspezifischen Unterschiede sagen können.

Reflexion

- Wir finden, paraphrasiert, die Haltung: „Kirche als Resonanzboden für meinen persönlichen Glauben ist wichtig. Ich suche sie. Kirche als Institution, Kirchenmitgliedschaft habe ich dagegen nicht in meinem Fokus. Ich schätze die Sache, das Anliegen, die relationale Gestalt, aber ich kann mit der Objektivität der Erscheinung und den formalen Zwängen, die die Kirche begleiten, nichts oder nicht viel anfangen." – Diese bekannte Unterscheidung wird verstärkt durch eine postmoderne Institutionenkritik. Wie gehen wir mit Menschen um, die so ticken; die wahrnehmbar „innerlich" zu uns gehören, aber äußerlich – noch – keinen Grund sehen, dazuzugehören? Woher kommt diese Kluft zwischen innerlich und äußerlich; innerer Kirchennähe und organisatorisch-administrativer Distanz oder Indifferenz gegenüber der Institution Kirche, die doch das trägt, was so wichtig ist? Ich könnte auch fragen: Was ist da an organischer Verbundenheit von Organismus und Organisation verloren gegangen, und wie können wir das wiedergewinnen?
- Kirchenmitgliedschaft und Kirchennähe hängen nicht unmittelbar miteinander zusammen.
- Kirche hat weit über den Kreis ihrer Mitglieder hinaus Ansehen und sogar persönliche Bedeutung für Menschen, die sich mit ihr identifizieren, aber nicht zu ihr gehören. Was bedeutet das etwa für Mit-

gliedschaftsformen und Formate von Teilhabe und Mitgestaltung für Nichtmitglieder? Wie sprechen wir diese Menschen an? Wie gewinnen wir sie?

- Und dann gibt es da merkwürdigerweise auch die genau umgekehrte Haltung: eher eine innere Distanz, jedenfalls kein heißes Glaubensengagement, aber ein bewusstes Festhalten an Kirchenmitgliedschaft, die auch etwas kosten darf. Für viele ist Kirche ein wichtiger Bestandteil des gesellschaftlichen, aber weniger des persönlichen Lebens. Man sieht dann weniger eine persönliche Bedeutung und eher eine gesellschaftliche Relevanz: Die sozialen Einrichtungen wie Kindergärten, Krankenhäuser, Sozial- und Diakoniestationen, Tafelläden, Beratungsstellen sind unverzichtbar. Wie kann es gelingen, solche Gratifikationen von Kirchenmitgliedschaft nicht als defizitär, sondern positiv zu würdigen? Wie können sie Brücken werden für eine auch persönliche Annäherung an Kirche?
- Menschen halten an ihrer Mitgliedschaft mit Gründen fest, die aus ekklesiologischer Sicht eher eine sekundäre Bedeutung haben. Kirche findet im Kreis ihrer Mitglieder sehr unterschiedliche Motivationen für Mitgliedschaft vor. Was bedeutet das für theologische Reflexionen über Kirchenmitgliedschaft? Nur ein Teil der erhobenen und gelebten Begründungen sind ja geistlicher, persönlicher, existenzieller Natur. Inwieweit nehmen wir alternative Haltungen positiv auf, um Mitgliederbindung zu stärken? Wo sehen wir etwa Brücken, die eine auch innere Annäherung anbahnen können? Wo sind der Pfarrer oder die Pfarrerin, die 50, 60 oder 70 Jahre „Treue zur Kirche" (Mitgliedschaft) positiv würdigen, mit einer Urkunde, einem Strauß Blumen, einem Besuch und die dadurch natürlich auch die Frage provozieren: Warum hält jemand so lange an einer Institution fest? Was sind die guten Gründe dafür? Und umgekehrt: Warum sollte anderen etwas wichtig sein, was uns selber nur sekundär belangvoll zu sein scheint: Institution, Mitgliedschaft, Kirchensteuer? Bitte, nicht missverstehen: Das ist natürlich nicht alles. Aber kann es nicht zur Brücke werden, und hat es nicht auch Bedeutung?

2.3 Es gibt eine Diskrepanz in der Einschätzung der Bedeutung des Gottesdienstes bei Hauptamtlichen und Kirchenmitgliedern

Wir befinden uns in der Evangelischen Landeskirche in Württemberg im Jahr des Gottesdienstes. Vor diesem Hintergrund ist es besonders spannend und herausfordernd zu sehen, wie die Relevanz der Hauptveranstaltung der evangelischen Kirche, der Gemeindegottesdienst, eingeschätzt wird: „Kaum einer der Gesprächspartner sagt: Die Gottesdienste sind mir am wichtigsten." (10)

Wir sahen schon, dass keine signifikante Korrelation zwischen Häufigkeit des Gottesdienstbesuches und Nähe zur Kirche besteht und dass sich bei Menschen, die der Kirche eng verbunden sind, sehr unterschiedliche Formen der Mitarbeit und der Partizipation am kirchlichen Leben feststellen lassen. Es muss nicht nur, noch nicht einmal in erster Linie, der Gottesdienst sein. Kirche lebt für mich auch ganz anders. Dieser Befund wird hier verstärkt. Während man unterstellen darf: Im Bewusstsein von Pfarrern und Pfarrerinnen ist der sonntägliche Gemeindegottesdienst die Hauptveranstaltung, die auch entsprechend Zeit- und Kraftressourcen verdient, ergibt sich für den Gottesdienst im Spiegel der Befragungen ein deutlich anderes Bild. Er wird nur selten als das benannt, was in der Kirche und an kirchlichen Angeboten das Wichtigste ist.

Der Gottesdienst wird nur selten als das Wichtigste in der Kirche benannt.

Es ist hier gleich wieder zu warnen vor einer doppelten falschen Reaktion:

- Dieser Befund bedeutet weder: „Aha, ich hab's doch gleich gesagt. Wir müssen unser Gottesdienstangebot herunterfahren."
- Dieser Befund bedeutet aber auch nicht: „Siehst'e, ich hab's gewusst: Bei solchen Umfragen kommt doch nur Unsinn heraus. Wir können die Theologie doch nicht nach den Meinungen der Leute richten."
- Der Befund könnte aber sehr wohl fragen lassen: Gottesdienst als Verkündigung des Wortes Gottes hat eine zentrale Bedeutung, aber

ist er nicht nur eine und nicht die alleinige, noch nicht einmal die primäre Form der Kommunikation des Wortes Gottes? Wird dieses Wort nicht auch noch ganz woanders gehört?

- Gemeindegottesdienst ist eine wichtige Form der christlichen Gemeinde, aber ist sie nicht nur eine Form, vielleicht heute noch nicht einmal die primär wichtige Form von Gemeinde?

2.4 Kirche erfährt Wertschätzung, wo sie Themen und Anliegen von Menschen aufnimmt, bei den Übergangsriten begleitet und in den Lebenszusammenhängen von Menschen präsent ist

Bei aller Vorsicht kann man vier Gesichtspunkte benennen. Wertgeschätzt werden:

1. *Begleitung in den Übergangs- (und damit Krisen-) Zeiten.* Unverzichtbar und relevant werden kirchliche Veranstaltungen, auch Gottesdienste, da eingeschätzt, wo sie sich auf besondere Anlässe beziehen, speziell, aber nicht nur, auf die traditionellen Gelegenheiten, bei denen kirchliches Handeln und die Lebenswirklichkeit ihrer Mitglieder in Berührung kommen und sich phasenweise überlappen. Sehr, sehr wichtig ist die Präsenz von Kirche bei den Übergangsriten: Geburt und Tod, Übergang ins Erwachsenenleben und Gründung einer Familie.

SEHR, SEHR WICHTIG IST DIE PRÄSENZ VON KIRCHE BEI DEN ÜBERGANGSRITEN.

2. *Anlassveranstaltungen und Events.* Anlassveranstaltungen sind immens wichtig. Events haben in unserer Gesellschaft Milieu und Mentalitäten übergreifend eine Bedeutung. Ich erinnere nur an die vergleichsweise starke Resonanz auf Tauffeste, die EKD-weit überrascht hat. Wo wir teilweise kritisch von der Eventisierung des kirchlichen Lebens sprechen, empfinden viele Menschen, dass Kirche ihnen entgegenkommt und Angebote macht, die passen.
3. *Persönliche Begegnungen mit autorisierten Repräsentanten des Glaubens.* Mich hat seltsam berührt, „dass nur wenige Personen in der

Stichprobe von Besuchen durch die Kirchengemeinde berichten können." (11) Man muss sich das auf der Zunge zergehen lassen: Diese Umfrage im Auftrag der evangelischen Kirche ist für sehr viele Menschen, v.a. solche in der Mitte des Lebens, seit langer Zeit die erste Berührung mit Kirche überhaupt. Seit der Konfirmation oder eventuell seit der Trauung oder der Taufe des Kindes ist die Kirche nicht mehr auf diese Menschen zugegangen. Mit unserer Umfrage zeigt sie erstmals wieder Interesse. Das ist auch das Resultat einer Praxis, Menschen dann zu ihrem Geburtstag aufzusuchen, wenn ihr aktives Leben vorbei ist.

Prägende Begegnungen mit „Kirche": Jugendfreizeiten, Camping, Radwanderungen.

Bemerkenswert ist in diesem Zusammenhang, was an relevanten, prägenden Begegnungen mit „Kirche" im Gedächtnis geblieben ist. Die Befragten nennen Jugendfreizeiten, Radtouren, Skifreizeiten, Camping, Osterwanderungen und noch vieles andere: alles Dinge, die eigentlich nicht in das ortsgemeindliche Format passen und so viel Mühe machen, weil sie ja extra organisiert werden müssen. Aber genau diese Events zählen. Hier ergeben sich wertvolle Puzzles einer Glaubensbiografie. Hier ergeben sich Anhaftpunkte, die später wichtig werden können, wenn es um weitere Kontakte zu Gemeinde, Glaube, Gott geht.

4. Kirchengemeinden als Orte des Verbundenseins mit Kirche. „Die persönliche Bedeutung von Kirche für das eigene Leben hängt weniger mit der formalen Zugehörigkeit zur Kirche zusammen, sondern mehr damit, ob man sich einer ganz konkreten Kirchengemeinde verbunden fühlt oder nicht. Menschen, denen Kirche persönlich sehr wichtig ist, sprechen davon, dass Kirche ihnen Halt, Hoffnung und Kraft gibt, insbesondere in schwierigen Lebenssituationen, dass sie durch die bildhafte Sprache zu eigenen Gedanken angeregt werden, dass sie sich gut fühlen, wenn sie aus der Kirche kommen, ‚freier durchatmen können'. ‚Es ist etwas anderes als im Fußballverein.'"

Auch hier ist die Botschaft deutlich: Kirchengemeinde, Parochie, ortsgemeindliches Gemeindeleben ist dort relevant, wo es Teil eines konkreten Lebenszusammenhanges wird; wo es zusammenwächst mit den Lebenslagen von Menschen; wo das Evangelium also in einer konkreten Form Relevanz gewinnt.

Reflexion

1. Offenbar sehen die befragten Personen Kirche oft anders als wir. Offenbar akzentuieren sie ihre Stärken, Schwerpunkte, Bedeutung anders als wir. Das kann hilfreich provozieren, ja heilsam sein. Das, was (uns) „zusätzliches Geschäft" macht und eher außer der Reihe irgendwie auch noch dazugehört, gerade das hat für die Menschen, die wir erreichen wollen, besondere, herausgehobene Bedeutung.
2. Kirche wird einerseits als Dienstleister gesehen, der in Anspruch genommen wird für religiös-geistlich-spirituelle Dienste, vor allem bei bestimmten Anliegen. Aber Kirche hat dabei einen anderen Status als ein Supermarkt neben anderen, ein Handwerker neben anderen, der seine Dienste anbietet. Sie ist hoch spezialisiert, hat ein Alleinstellungsmerkmal: den Kontakt mit Gott im Sinne des christlichen Glaubens, und sie hat einen guten, manchmal „zu guten" Leumund.

Konsequenzen

Auch wenn wir uns mit 1:1-Ableitungen noch zurückhalten sollten, möchte ich einen doppelten Impuls geben:

- Partizipation am Alltags- und Freizeitleben der Menschen – das ist das Salz-Sein, das die Menschen von Kirche erwarten. Wir dürfen präsent sein in den Übergangsphasen des Lebens, in denen man sich die Kirche – und Gott – als Begleiter wünscht. Dabei wird schon jetzt eine Ausdifferenzierung nach Milieus und Mentalitäten erkennbar, wenn ein *Liberal-Intellektueller* sich Kirche als Diskussionsforum, Gottesdienste mit Denkanstößen wünscht, wenn ein nach religiöser Erfahrung Suchender in der Kirche eine umfassende kirchliche Erwachsenenbildung vermisst und auf christlicher Seite „kein Pendant zum jüdischen Talmud-Lesen" findet, wenn *Konservativ-Etablierte* sich wünschen, dass Kirche mehr auf wissenschaftliche Fragen eingehen und die religiösen Themen der dominanten gesellschaftlichen Diskurse (stärker) aufgreifen soll.

- Anlassveranstaltungen sind wichtig. Die oft negativ akzentuierte „Eventisierung" von Kirche scheint genau das zu sein, was Menschen sich wünschen. Entlasten könnte die Strategie, diese Zusatzaufgaben nicht nur den Kirchengemeinden und ihren Hauptamtlichen aufzubürden. Wir können Querschnittsaufgaben formulieren, die dann von besonderen Funktionsträgern auf ortsgemeindlicher Ebene, auch auf der Ebene von Distrikt oder Kirchenbezirk wahrgenommen werden können.

„Eventisierung" scheint genau das zu sein, was Menschen sich wünschen.

- Spannend ist die Verbindung und Verquickung zweier, ursprünglich weit auseinanderliegender Sphären: Wir finden auf der einen Seite eine enorme Hochschätzung der Kasualien, auf der anderen Seite eine Wertschätzung von Event und Erlebnis. Ersteres gehört in den Bereich traditionellen Kircheseins hinein, Letzteres bedeutet einen Andockpunkt für postmoderne Erlebniskultur. Was können wir daraus machen?
- Präsenz von Kirche wird besonders gewünscht und bejaht in Zeiten der Umbrüche und Übergänge. Umbrüche sind immer auch Krisenzeiten. Psychologen beschreiben immer wieder, welch enorme Stressbelastungen sich etwa aus so scheinbar harmlosen Vorgängen wie Umzügen ergeben. Verlassen wir uns darauf, dass Menschen den Weg in die Kirche finden?

IX. Kurse zum Glauben – ein Praxisbeispiel

Was Milieuorientierung für Kirchengemeinden einer Region an konkreter Kooperation bedeuten kann[44]

1. Die missionstheologische Herausforderung

Wir erfahren und erleiden in ganz Deutschland das Phänomen eines rapiden und radikalen Traditionsabbruchs. So kann man auch im vermeintlich frommen Nordschwarzwald erleben, dass Jugendliche nicht mehr wissen, ob Jesus ins Alte oder ins Neue Testament gehört und ob Joseph nicht ein Sohn von Mose ist. Ich weiß aus eigener Erfahrung, dass sich auch christlich intensiv sozialisierte junge Menschen in der Welt von Harry Potter sehr viel besser auskennen als in den Mosegeschichten. Vor einer Generation hatten wir in der Kinder- und Jugendarbeit vielfach noch das Problem, dass die biblischen Geschichten den jungen Menschen langweilig waren, weil sie sie aus dem Effeff kannten. Aus heutiger Sicht waren das Probleme „auf hohem Niveau".

Positiv bedeuten der Traditionsabbruch und die Säkularisierung der Lebensverhältnisse, dass es Chancen zu einer wirklichen Neu- oder Erstbegegnung mit Christentum und Christus gibt. Christlicher Glaube begegnet vielfach als fremde Größe, die neu entdeckt und in ihrer Bedeutung wahrgenommen werden kann. Wir denken nur an die großen Chancen, die etwa in Kirchenführungen im bloßen Erklären und Entdecken christlicher Kunst und Architektur liegen. Postmoderne bedeutet religionspsychologisch eine ganz neue Offenheit und eine viel un-

---

[44] Vgl. dazu den Erfahrungsbericht von Daniel Hörsch/Andreas Schlamm: Milieusensibles Marketing für Kurse zum Glauben in der Modellregion Heidelberg/Ladenburg-Weinheim, Stuttgart/Berlin 2012.

Chancen zu einer wirklichen Neu- oder Erstbegegnung mit Christentum und Christus entdecken.

verkrampftere Bereitschaft, sich auf Religion in unterschiedlichen Formen und Spielarten auf Zeit einzulassen, zu partizipieren, ohne sich vereinnahmen lassen zu wollen; auszuprobieren, ohne sich direkt auf Dauer binden lassen zu wollen.

Was liegt in dieser gesellschaftlichen Konstellation näher, als dass Kirche und Christen Veranstaltungen anbieten, in denen sie sich und andere informieren über den Glauben; in denen ein Stück weit zum Ausdruck kommt, was christlicher Glaube ist; in denen wenigstens ansatzweise und bezogen auf die unterschiedlichen Lebenswelten von Menschen gelebt werden kann, was Evangelium bedeutet:

- Wir brauchen eine Vielgestaltigkeit von Glaubenskursen, die sich auf die Vielgestaltigkeit heutiger Lebenswelten einlässt.
- Diese Kurse selber sind nicht bloß Informationen über den Glauben, sozusagen theoretisch-theologisches Trockenschwimmen; sie sind selber schon ein Stück weit gelebte Realität des Glaubens; schon in ihnen selbst redet man nicht nur über den Glauben, sondern begegnet Glaubenswirklichkeit; werden Menschen – Gott gebe es! – über der Freundlichkeit und Zugewandtheit der Menschen, auf die sie treffen, der Menschenfreundlichkeit Gottes inne.
- Die Kurse zum Glauben sind also selber schon Teile dessen, wovon sie reden. In ihnen begegnen Menschen Kirche.
- Wer an diesen Kursen zum Glauben teilnimmt, für den werden sie Bestandteil der eigenen Glaubensbiografie. Sie sind Puzzlesteine im Mosaik des Lebensweges, ja Schritte auf dem Weg zum Glauben. Für die Kirche als Veranstalter bedeutet dies, dass sie diese Kurse zum Glauben ebenfalls vernetzt sehen muss und der Vielfalt kirchlicher Lebensäußerungen insgesamt zuordnet. Es gibt offenbar mannigfache Möglichkeiten der Vernetzung und gegenseitigen Befruchtung. Das hat die Untersuchung zu den Effekten von Glaubenskursen deutlich gemacht, die Anfang 2010 von Andreas Schlamm und Annegret Freund in ostdeutschen Landeskirchen durchgeführt worden ist.

Glaubenskurse sind eine ausgezeichnete Möglichkeit, Menschen mit einer unterschiedlichen religiösen Sozialisation zu erreichen und auf ihrer geistlichen Reise zu begleiten. Es ist ein Merkmal der 2010 in sechs östlichen Landeskirchen durchgeführten Erhebung zur Verbreitung und Praxis von Glaubenskursen, die von Andreas Schlamm und Dr. Annegret Freund durchgeführt wurde, dass die Veranstalter dieser Angebote zu einem erheblichen Prozentsatz nicht auf vorhandene und eingeführte Glaubenskursprogramme zurückgegriffen haben, sondern vielmehr Kurse in einer ganz großen Bandbreite von Formen, Anknüpfungspunkten, Inhalten und Themen, Veranstaltungsorten und -zeiten konzipiert haben. Diese programmatische Vielfalt zeigt die Flexibilität des Formats „Glaubenskurs". Das Format Glaubenskurse ist so geartet, dass

- Glaubenskurse ganz unterschiedlich gestaltet werden können,
- dass sie sich sehr flexibel der jeweiligen Zielgruppe anpassen lassen,
- dass sie die Teilnehmer bei einer zielgruppenspezifischen Ansprache sowohl vor Über-, aber auch Unterforderung bewahren können,
- dass sie den Teilnehmern sowohl Distanz als auch Nähe ermöglichen können, je nach Wahl und Wille,
- dass sie unterschiedlich lang und ebenso unterschiedlich verbindlich gestaltet werden können,
- dass sie sowohl ein unverbindliches Schnuppern ermöglichen, aber auch die Form eines Kontaktes mit Kirche auf Probe haben können.

Für Glaubenskurse spricht zudem, dass sie den Gemeinden nicht von außen aufgedrängt werden müssen. „Erwachsen glauben" greift vielmehr eine Bewegung auf, die bereits in ganz vielen Gemeinden in Fahrt gekommen und angekommen ist. Im ersten Quartal 2012 wurden ca. 1500 Glaubenskurse durchgeführt! Ein Viertel der befragten Gemeinden führen sie regelmäßig durch; mehr als ein weiteres Viertel nutzt dieses Instrument des Gemeindebaus in unregelmäßigen Abständen. Zu Recht schreibt der Landesbischof der Sächsischen Kirche Jochen Bohl: „Glaubenskurse sind in unserer Landeskirche weit verbreitet und

GLAUBENSKURSE ALS EXPERIMENTIERFELD DES LEBENS.

oft genug Ausdruck eines lebendigen Gemeindelebens. In überraschender Weise finden Menschen dadurch zum Glauben oder entdecken ihn für sich neu. Andere wiederum können mit wohlwollender Distanz wahrnehmen, wie ein Leben aus dem Glauben aussieht. Wie er sich im Alltag bewährt, welche Orientierung es, vermittelt und welche innere Haltung ihm angemessen ist. Es ist eine Art Experimentierfeld des Lebens aus christlicher Perspektive."[45]

2. Konsequenzen aus der Milieuperspektive für die Durchführung von Glaubenskursen

Eine Kirchengemeinde, die Glaubenskurse anbieten möchte, sollte sich gut überlegen, welche Milieus sie miteinander einlädt. Es wäre ja ein für eine Gemeinde und selbst für einen Distrikt kaum realisierbarer Aufwand, sich mit einem Angebot jeweils nur an ein Milieu zu wenden. Es ist aber zu beachten, dass sich schon die ästhetischen Vorlieben, aber auch die intellektuelle Reflexionsfähigkeit wie Bereitschaft von Milieu zu Milieu sehr unterschiedlich darstellen. Das gilt natürlich für Menschen aus unterschiedlichen sozialen Lagen. Das gilt aber auch für Menschen, die einer Schicht angehören, sich aber ästhetisch und mental ganz unterschiedlich orientieren. So ist beispielsweise ein anspruchsvolles Ambiente nötig, um das Milieu der *(Modernen) Performer* zu gewinnen (B1). Ein entsprechender Rahmen schreckt aber nicht nur *Prekäre Milieus* der Unterschicht ab (wie etwa die *Konsum-Materialisten*), er verärgert *Postmaterielle* (Milieumodell 2001) bzw. *Sozialökologische* (Milieumodell 2010), die Kritik an Konsum und Luxus üben und sich ganz bewusst in einem bescheidenen Lebensstil üben. Ganz daneben ist es, einen scheinbar „normalen" kirchlichen Rahmen zu bieten. Salz-

[45] Geleitwort zum Handbuch „Erwachsen glauben".

stangen und Sprudel, Blümchen und karierte Tischdecken gefallen dem Milieu, das – seit Jahrzehnten – liebevoll die Veranstaltungen im Gemeindehaus betreut, aber eben nur ihm. Wird bei Einladungen nicht differenziert, wissen 80 % der Menschen, die in einen entsprechend dekorierten Raum kommen: Hier gehöre ich nicht hin. Alles signalisiert ihnen: Das ist nicht deine Welt.

Schon bei der Einladung die Milieus differenzieren, die man ansprechen möchte.

Es gehört zu den wesentlichen missionstheologischen Einsichten, die in unserer Situation einer sich immer mehr entkirchlichenden Gesellschaft greifen, dass das Evangelium, wenn es zu den Menschen soll, kontextualisiert werden muss. Wir werden Menschen, die keinen oder kaum Kontakt zur Kirche haben, nur dann erreichen können, wenn wir ihnen das Evangelium in einer Weise nahebringen, die ihrer Art entspricht zu denken, zu reden, zu empfinden, die in ihre Lebenswelt hineinspricht. Glaubenskurse eignen sich als Instrument, wenn sie entsprechend in einen Zusammenhang mit der Lebenswelt der Adressaten gebracht werden. Das heißt, wir müssen sehr genau überlegen,

- ob wir unseren *Glaubenskurs* im Gemeindehaus durchführen,
- zu *Gesprächen* über den christlichen Glauben Menschen, mit denen wir schon Kontakt haben, in ein Wohnzimmer bitten,
- einen *Männerstammtisch* zu Glaubens- und Lebensfragen in einer Kneipe anbieten,
- eine *Vortragsveranstaltung* im Nebenraum eines Viersternehotels durchführen.

Die Weitergabe des Evangeliums kann nicht nur durch einen isolierten kognitiven Prozess geschehen, der das Evangelium im Wesentlichen als eine theoretische Größe, lehrhafte Entität begreift. Glaubenskurse greifen nur dort, wo sie resultieren aus einem Zusammenleben mit den Menschen, die sich Kirche und Gemeinde, Gott und Glauben annähern sollen. Die missionarische Bildungsinitiative wird, wenn sie zielführend ist, nicht nur die Menschen verändern, an die sie sich richtet, sondern auch die, die sich andern durch sie zuwenden wollen. Wir können so viel reflektieren, wie wir wollen. Notwendig ist die Bereitschaft zum Kontakt, die konkrete Hinwendung, um nicht zu sagen: die Liebe zu den Mitmenschen, die durch nichts, auch nicht durch noch so viel Milieu-Forschung zu ersetzen ist. Gerade deshalb werden wir aber *Sensibilität gewinnen für unterschiedliche Lebenswelten.* Um Zugang zu den verschiedenen Lebenswelten zu finden, gilt es, sensibel zu werden für eine Fülle von Faktoren, von denen ich nur einige ansprechen kann:

- Wie sprechen wir Menschen an? Es gibt milieuspezifische Vorlieben und Abneigungen, die es zu beachten gilt. Und welche Medien wollen Menschen der unterschiedlichen Milieus nutzen? Welche sind für sie vertrauenswürdig? Ist es Twitter oder Facebook? Oder noch die SMS aufs Handy? Oder doch eher ein als seriös geltendes Printmedium? Arbeiten Menschen am liebsten mit Papier, Büchern, Kopien, oder existiert für sie nur, was sie herunterladen können? Brauchen sie Stift und Papier, oder ist ein WLAN-Zugang unabdingbare Voraussetzung?
- Wo bewegen sich Menschen gerne? Ist für sie die Kirche oder das Gemeindehaus ein Bau, den sie ohne Schwellenangst und Scheu betreten? Oder ist eine Kneipe, ein Stammtisch oder ein Salon in einem Hotel der angemessene Ort?
- Welche Didaktik ist die richtige? Welche Artikulationsmöglichkeiten wollen Menschen, und welche fürchten sie womöglich? Was ist dran: Frontalunterricht mit der Möglichkeit zur Rückfrage, aber ohne die Zumutung, mich selber artikulieren zu müssen? Gruppenarbeit, damit alle sich artikulieren können? Vortrag oder Gespräch? Exkursion oder gemeinsames Bibellesen? Welche Inhalte bieten wir an? – erzählen und illustrieren biblischer Geschichten oder gemeinsame Lektüre von Habermas-Texten zum Verhältnis von Glauben und Wissen und der Ergänzungsbedürftigkeit neuzeitlicher Vernunft? Wie sieht das Kursmaterial aus? – Kochen wir zusammen biblisch-altorientalische Gerichte oder gehen wir zusammen in eine Chagall-Ausstellung? Lesen wir Luthers Kleinen Katechismus oder fragen wir nach

der Artikulation der Sinnfrage in zeitgenössischen Opern und Kunstwerken? Lesen wir miteinander den Römerbrief oder untersuchen wir die Lieder von Madonna oder Popsongs auf ihre religionskritischen Implikationen?

- Welche Rolle spielt der Kursleiter? Ist er theologischer Profi oder ganz bewusst theologischer Nicht-Fachmann, der aber in der Lebenswelt der Teilnehmenden lebt? Ist er kritisches Gegenüber und Diskurspartner oder ist er Lehrer, dem man schlicht und einfach folgt? All das will überlegt sein, je nachdem, mit wem man es zu tun hat. Es gibt nicht einfach die Rolle, die „richtig“ wäre. Das ist vom Kursleiter auch selbstkritisch zu bedenken: Auch er hat ja seine Lieblingsrolle; auch er hat seine Lieblingsdidaktik, seine Lieblingsthemen und -inhalte, und umgekehrt: Er weiß oder fühlt, was er gar nicht gern anbieten möchte. Problematisch ist nicht die spezielle Prägung, problematisch wird es nur, wenn diese sich unreflektiert und verengend auswirkt. Glaubenskurse können dann nur auf die eine, von vornherein feststehende Weise, mit diesen Inhalten und an diesem Ort durchgeführt werden.

Das kann dann zur Ausdifferenzierung verschiedener Formate führen: Unterschiede zwischen den Milieus, den Menschen, die ihnen angehören, müssen bei der Planung und Durchführung der Veranstaltungen beachtet werden. D.h., die Kursangebote müssen differenziert werden. Das bedeutet einen erheblichen Mehraufwand gegenüber der landläufigen Praxis, einen Glaubenskurs anzubieten, zu dem dann „alle“ kommen können. Es erweist sich, dass dieses „alle“ eine leere Abstraktion darstellt. Mit bestimmten Formaten von Glaubenskursen erreichen wir immer nur bestimmte Menschen. Je mehr bestimmte Rahmenbedingungen, Veranstaltungsformate und Inhalte passend sind für ein Milieu, umso mehr schließt genau diese spezifische Veranstaltungsform andere aus. Beispiel: So wichtig für die einen ein gepflegtes, sauberes, ordentliches Ambiente ist, umso mehr schließt genau eine solche Umgebung andere, anders geprägte Teilnehmer aus. Sie werden abgeschreckt, fühlen sich nicht wohl und lassen sich nicht ansprechen. Und umgekehrt. Je anspruchsvoller ein Kurs ist und Postmaterielle anspricht, umso mehr schreckt eine solche Formatierung *Traditionsorientierte* und *Konsum-Materialisten* aus dem *Prekären Milieu* ab. Selbst für die Oberschicht werde ich kaum gemeinsame Veranstaltungsformate hinbekommen. Das anspruchsvolle, luxuriöse Ambiente, das ich für die *Etablierten* brauche, stößt die *Postmateriellen* ab, und es trifft auch nicht den Geschmack der *Konservativen*, die es doch lieber etwas sparsamer und solider haben. Wir können die Bedeutung solcher ästhetischer Rahmenbedingungen gar nicht hoch genug einschätzen. Sie entscheiden darüber, ob sich jemand wohlfühlt und sich öffnet, oder eben nicht wohlfühlt und keinen Zugang findet.

Bestimmte Formate erreichen immer nur bestimmte Menschen.

Um möglichst viele Menschen zu erreichen, ist also die Durchführung einer möglichst breiten Palette von Glaubenskurs-Angeboten wünschenswert. Mit dieser Zielsetzung ist aber eine einzelne Kirchengemeinde sofort überfordert. Sinnvoll und nötig ist darum auch in diesem Bereich die Bereitschaft zu arbeitsteiliger Kooperation und einer dementsprechenden Delegation im Bezirk oder schon im Distrikt. Die Zielvorgabe, dass jeder Interessierte nicht mehr als 10 km fahren muss, um an einem ihm entsprechenden Kurs seiner Wahl teilzunehmen, kann hier weiterhelfen. Sinnvoll sind Delegationen, mit denen bestimmte Gemeinden und Personen beauftragt werden, ganz bestimmte Kursangebote zu machen. Wichtig ist also auch unter diesem Gesichtspunkt die Perspektive des regionalen Nahbereichs.

→ Abb. 13: Milieuspezifische Teilnahmequoten an Allgemeiner Weiterbildung, S. IX.

3. Die exkludierende Wirkung des Mediums Glaubenskurs

Das Medium ist die Botschaft, so wusste schon Marshall McLuhan[46]. Im mehr kognitiv und reflektiv angelegten Medium Glaubenskurs liegen seine natürlichen Grenzen. Glaubenskurse setzen schon als Medium gewisse intellektuelle und kognitive Fähigkeiten und Interessen voraus. Damit werden schon durch das Medium bildungsärmere Milieus ausgeschlossen, z. B. Menschen, die nicht lesen können (zzt. 8 Millionen in Deutschland) oder die an einem funktionalen Analphabetismus leiden (zzt. etwa ein Viertel der deutschen Bevölkerung). Der Trendmonitor zeigt in seiner Darstellung milieuspezifischer Teilnahmequoten an Weiterbildungsmaßnahmen, dass es Milieus gibt, die ausgesprochen bildungsaffin sind, von daher auch grundsätzlich ein Interesse an Weiter- und Fortbildung haben und damit potenziell besonders geeignet sind für entsprechend formatierte Glaubenskurse. Überdurchschnittliches Teilnahmeverhalten zeigen allen voran die *Experimentalisten*, ständig erpicht auf Neues (58 %), die *Postmateriellen*, bildungsbeflissen wie sie sind (48 %) und die *Modernen Performer*, die wissen, wie wichtig ständiger Erwerb neuen Wissens für Leitungsfunktionen in einer sich ständig wandelnden Welt ist (47 %). Stark unterdurchschnittliche Teilnahmequoten finden wir dagegen bei den *Konservativen* (von ihnen haben nur 27 % an Fortbildungsmaßnahmen teilgenommen; sie haben und kennen das essenzielle, verbindliche, wahre Wissen ja schon, nehmen es etwa über relativ häufige Gottesdienstbesuche auf) und den *Traditionsverwurzelten*. Sie „wissen genug" und müssen kein neues Wissen mehr erwerben (30 %). Auch wenn also Glaubenskurse von vornherein ein Medium darstellen, das für einige Milieus eher, für andere weniger oder gar nicht geeignet ist, kommt es darauf an, so weit wie möglich Milieuspreizungen für die vorhandenen Tools vorzunehmen: Wie können über den Bereich der Menschen hin-

---

[46] Die magischen Kanäle. Understanding Media, Düsseldorf/Wien 1968 (im Original zuerst: Understanding Media. The Extensions of Man, London/New York 1964).

aus, die offen und ansprechbar sind für Glaubenskurse, auch andere Menschen in benachbarten Milieus angesprochen werden? Zudem käme es darauf an, in Zukunft nach Formaten der Weitergabe des Glaubens zu suchen, die auch bildungsarmen oder -fernen Schichten in ihrer Lebenswelt begegnen und helfen. Hier mag der Hinweis auf die wieder wachsende Bedeutung von Erzählungen und Bildern für die Weitergabe des Glaubens genügen. Schon in der Alten Kirche und in den Kirchen des Mittelalters hat man diese Medien geschätzt und bisweilen sehr plastisch, um nicht zu sagen drastisch, einzusetzen gewusst. Kirche darf sich nicht zu schade sein, über die Nutzung der verschiedensten, auch bildhaften Medien nachzudenken. Sie muss sich davor hüten, schon durch die Medien ihrer Verkündigung (20-minütige Monologe; Glaubenskurse; Bibelstunden u. Ä.) den Eindruck zu erwecken: Kirche, Glaube, Gott ist nur etwas für solche, die lesen (und schreiben) können; die gebildet sind, und je gebildeter man ist, umso mehr begreift man vom Glauben, und umso näher ist man dem lieben Gott.

Welche Formate der Weitergabe des Glaubens finden wir für die bildungsarmen oder -fernen Schichten?

4. Glaubenskurse: Integration in die Gemeinde und die geistliche Biografie der Teilnehmenden

Glaubenskurse sind mehr als eine Veranstaltung, in der Informationen über den Glauben weitergegeben werden. Es ist sehr bezeichnend, dass laut der eben angeführten Umfrage Glaubenskurse in vielen Fällen verbunden waren mit Erwachsenentaufen, Inszenierungen eines Anfangs oder Neuanfangs, einer Intensivierung der Mitarbeit in der Gemeinde oder einem Entschluss zu einem intensiveren Mitleben in der Gemeinde. Aus diesem Grund ist es sinnvoll, Glaubenskurse im Kontext des Gemeindelebens einerseits und der geistlichen Biografie eines Menschen andererseits zu sehen und entsprechend zu vernetzen und in Beziehung zu setzen.

Die Einsetzbarkeit und Adaptierbarkeit von Glaubenskursen an unterschiedliche Lebenswelten wird oft noch unterschätzt. Wenn wir bereit sind, die unterschiedlichen Glaubenskurse anzupassen und neue zu entwickeln, werden wir nicht nur die *Bürgerliche Mitte* ansprechen und eine Spreizung in benachbarte Milieus hinein erreichen. Naturgemäß ist der Ansatz von Glaubenskursen in bildungsaffinen Milieus leichter. Aber die Aufgabe der Weitergabe des Glaubens kann auch über sie hinaus gelingen, wo wir uns auf Milieuspezifika einstellen und bereit werden, wie der Sohn Gottes selbst zu lernen, indem wir an der Lebenswelt auch anderer, uns fremder Menschen partizipieren und uns auf sie einlassen.

X. Lebenswelten und Kirche – ein zusammenfassendes Fazit

1. Perspektiven, die uns die Lebensweltforschung eröffnet

Wir fassen zunächst zusammen, welche zusätzlichen Perspektiven sich ergeben, wenn wir uns auf die Lebensweltforschung einlassen:

1. Lebensweltorientierung ist Sehhilfe und Entscheidungshilfe, Verstehenshilfe und Motivationsimpuls, Kommunikationsmodell und Anleitung zur Kontextualisierung.
2. Die Milieuperspektive hilft uns zu sehen, wo wir stark sind, aber auch wahrzunehmen, wo unsere blinden Flecke liegen. Sie hilft uns zu realisieren: Kirche ist mehr als das immer milieufokussierte kirchliche Leben vor Ort.
3. Sie gibt uns Wissen an die Hand, das uns helfen kann, Menschen besser oder überhaupt zu erreichen. Sie schafft die Voraussetzungen für eine Kontextualisierung des Evangeliums in evangeliumsfremden Zusammenhängen.
4. Sie hilft uns zusätzlich, den Ort von Kirche in der gegenwärtigen Gesellschaft noch besser zu verstehen und das Trauma schwindender Bedeutung von Kirche zu begreifen wie auch ihm entgegenzuwirken.
5. Sie hilft uns im Verein mit anderen Tools, Partizipationschancen für sehr unterschiedliche Menschen zu entdecken und zu realisieren.
6. Sie hilft uns die so häufig anzutreffende Milieubefangenheit, ja Milieugefangenschaft von empirischer Kirche aufzudecken und – mit Gottes Hilfe – auch ein Stück weit zu durchbrechen.
7. Sie kann uns helfen, unser kirchliches Leben und seine Organisation zu entlasten: Was können wir womöglich wo lassen? Wo legt

sich arbeitsteilige Delegation oder auch Kooperation nahe? Wo können wir Konflikte vermeiden oder mindestens besser verstehen und managen? Wo können wir Visitationen noch differenzierter anlegen? Wo gewinnen wir zusätzliche, lebensweltorientierte Gesichtspunkte für Gemeindefusionen? Welche Gruppen müssen wir beachten, wenn wir kirchliche Räumlichkeiten neu oder umbauen, und welche nicht?

8. Sie regt uns an, über neue Formen und Formate von Kirche nachzudenken: Kirche am dritten Ort, zu anderer Zeit, mit anderem Publikum, mit anderer Liturgie und Predigt. Milieuperspektive führt zu ekklesiologischer Kreativität.
9. Sie hilft uns, die ungeheuer vielseitigen Erscheinungsformen von Kirche in der Öffentlichkeit unter Milieugesichtspunkten ganz neu zu würdigen.
10. Sie hilft uns, Kirche, Kirchengemeinde, kirchliche Arbeitsfelder in unterschiedlichen Medien effektiver und attraktiver zu kommunizieren.
11. Milieuforschung kann ein Baustein für eine Kirche sein, die bei den Menschen ist und die fragt, was sie bewegt; die nicht schon vorher weiß, was die Fragen und Probleme der Menschen sind, sondern die wie ihr Herr fragt: Was willst du, was ich dir tun soll? Eine solche Kirche nimmt ihre Adressaten ernst, sie ist eine Kirche, die in die Freiheit hineinstellt; eine nicht mehr starke, zu starke, sondern eine schwache Kirche, die sich zuneigen, herunterneigen, demütig sein und umkehren kann, die sich aussetzen und um der Menschen willen ihre sichere kulturelle Identität und ihre festen Mauern verlassen kann.

2. Wie aus den Perspektiven ein Weg in die richtige Richtung werden kann

2.1 Wir achten auf Qualität

Die Sache ist hochkomplex, manchmal auch kompliziert. Wo Sozialwissenschaft und Theologie zusammentreffen, gibt es viele Möglichkeiten, sich misszuverstehen, zumal die Sinus-Grafiken sehr plausibel wirken und eine allzu schnelle Rezeption in der Sache fast provozieren. Schließlich gibt es viele, die dieses Werkzeug einfach nur möglichst schnell anwenden wollen. Wir achten demgegenüber auf die notwendige Qualität in der Darstellung und Vermittlung.

1. Wir suchen v.a. nach qualifizierten Multiplikatoren. In der Badischen und der Württembergischen Landeskirche gibt es eine gemeinsam durchgeführte Multiplikatorenschulung. Wer sie absolviert, bekommt ein entsprechendes Testat und eine Lizenzierung für den Umgang mit den Sinus®- und microm®-Materialien. Das ist vorbildlich.
2. Wir bemühen uns um eine gute Didaktik und eine Elementarisierung, die den Zugang erleichtern und die Herausforderungen deutlich machen. Dazu gehört auch, dass wir Möglichkeiten zu eigener Wahrnehmung und exemplarischen Entdeckungen geben und autorisiertes und von Sinus® bzw. dem EKD-Zentrum für Mission in der Region (ZMiR) entwickeltes Material verwenden.
3. Wir haben den Mut, uns gegen Erwartungen schneller Umsetzung zu sperren. Die Beschäftigung mit der Lebenswelt anderer Menschen und die Erarbeitung der Milieuperspektive darf „etwas kosten". Wir nehmen uns Zeit und fordern die nötigen Zeiträume und Orte für die Einarbeitung und Einübung auch ein. Es macht keinen Sinn, verdirbt im Gegenteil ein wertvolles Instrument, in einer Stunde in die Sinus-Milieus und ihre Bedeutung für die Arbeit der Gemeinde vor Ort einzuführen und womöglich auch schon Umsetzungsvorschläge zu machen.

2.2 Wir sind bereit, uns selber zu verändern (nicht nur die anderen, denen wir effektiv etwas mitteilen wollen)

Im Bereich der katholischen Kirche spricht man von „milieusensibler Pastoral". Dieser Begriff macht deutlich: Es geht nicht in erster Linie um eine technisch umsetzbare Methode. Wichtig ist es, eine Haltung einzuüben. Die Lebensweltorientierung sollte schon deshalb nicht vorschnell rezipiert und „angewendet" werden, weil sie viel mehr verlangt, als auf den ersten Blick der Fall zu sein scheint. Sie bedeutet mehr als eine sozialwissenschaftlich untermauerte Technik zu haben, mit der ich andere besser erreichen kann, damit sie sich verändern können. Milieuperspektive bedeutet zunächst und vor allem,

1. die Milieuperspektive zu verinnerlichen und zu einem anderen Umgang mit anderem, mit Unterschieden, mit Fremdem zu kommen. Es ist fast banal zu betonen: Das kostet etwas; das ist nicht einfach. Das fordert heraus. Es bedeutet, dass die Veränderung bei mir anfängt;
2. die Milieuperspektive in ihren Konsequenzen auf alle Felder der Gemeindearbeit durchzubuchstabieren. Das ist ebenfalls ein längerer Lernprozess. Das Lernziel ist mit dem sozialwissenschaftlichen Begriff der Milieutoleranz nur unzureichend beschrieben. Geistlich geht es um Demut: das Eingeständnis, die gegebene Unterschiedlichkeit der Menschen bisher nicht (ausreichend) wahrgenommen und berücksichtigt zu haben; die Einsicht, dass man es sich in der Vergangenheit vielleicht manchmal „zu einfach" gemacht hat, und es geht letztlich um die Frage, ob eine Gemeinschaft von Menschen den Willen und die Liebe aufbringt, sich für anderes zu öffnen, das sie in ihrem mentalen und kulturellen Profil, in den Selbstverständlichkeiten, die ihr Zusammenleben bestimmen, infrage stellt.
3. Die Differenzierung von Milieus und die Sensibilisierung für unterschiedliche Lebenswelten, von denen man selber nur eine bewohnt, leitet dazu an, sich selbst zu verändern und einen anderen Umgang mit den Menschen, die so ganz anders leben als man selber, zu

lernen: „Lass mich dich lernen, dein Denken und Sprechen, dein Fragen und Dasein, damit ich daran die Botschaft neu lernen kann, die ich dir zu überliefern habe“ (Klaus Hemmerle).

4. Die Milieuperspektive führt aber ganz unvermutet auch in missionstheologische Dimensionen hinein: In der Sache stehen wir vor der Aufgabe der Kontextualisierung des Evangeliums in anderen als den christianisierten Lebenswelten. Im Bereich der *traditionsorientierten,* der *bürgerlichen*, der *konservativen* Milieus ist das Evangelium über Jahrhunderte „indigenisiert“ worden, so sehr, dass das Christliche von vielen inzwischen mit dem *Konservativen*, dem *Bürgerlichen*, dem *Traditionsorientierten* identifiziert wird. Kirche hat es bisher schlicht unterlassen, das Evangelium auch in spätmoderne und postmoderne Lebenswelten hinein zu kontextualisieren.
5. Anwendung der Milieuperspektive bedeutet darum auch und zunächst, die Kosten zu überschlagen: Können wir das? Wollen wir das? Sind wir damit nicht überfordert? Können wir Aufgaben delegieren? (An wen?) Wo gibt es Möglichkeiten der Kooperation (in der Region: auf Bezirks- und Distriktebene)? Wo finden wir Entlastungen? Hilft eine Fokussierung auf bestimmte Aufgaben?
6. Hinwendung zum Milieu bedeutet dann aber auch eine mentale und ggf. theologische Veränderung: Es geht dann nicht nur mehr darum, anderen etwas zu bringen, sondern auch um die Frage: Wo ist der lebendige Gott beim anderen, in der scheinbar ganz a-christlichen Lebenswelt, schon am Werk? Natürlich soll nicht einfach vorhandene Religiosität mit dem Evangelium gleichgesetzt werden. Damit würde ja die entscheidende Differenz beseitigt. Aber umgekehrt dürfen wir doch fragen und damit wieder eine missionstheologische Kategorie aufnehmen: Wo gibt es eine *präparatio evangelica*[47]? – Wo

---

[47] Preparatio evangelica ist die alte, erfahrungsgesättigte Anschauung, dass ein Bote des Evangeliums dieses nicht in ein Land bringt, in dem man von dem lebendigen Gott nichts weiß, sondern in einen Raum kommt, in dem Gott bereits da ist und sich bereits bekannt gemacht und die Verkündigung des Evangeliums so vorbereitet hat.

gibt es im anderen Wahrnehmungen desselben lebendigen Gottes? Wo stoßen wir im Fremden auf den Einen? Hier gibt es die enorme Chance, sich bereichern und den eigenen Horizont erweitern zu lassen, bis hin zu der für viele ernst gemeinten Frage, ob denn die Punkerin Nina Hagen überhaupt Christin geworden sein könne.

2.3 Wir beachten Rahmenbedingungen für Veränderungsprozesse

1. *Wir nehmen institutionelle und mentale Rahmenbedingungen wahr und übergehen sie nicht.* Es gibt erhebliche Rezeptionsblockaden unterschiedlichster Art, die bei Veränderungsprozessen beachtet werden müssen. Es wäre nicht hilfreich, solche Hindernisse und Widerstände vernachlässigen oder einfach umgehen zu wollen:
   - Wir leben in einer Institution, in der sich Entscheidungswege ausgebildet haben, an denen wir nicht einfach vorübergehen können. Graswurzelinitiativen haben es in diesem Kontext immer etwas schwerer gehabt.
   - Es gibt vor Ort und in den Leitungsgremien dominante Milieus, die sich zudem auch noch unterscheiden. Man darf nicht erwarten, dass diese Milieus einfach begeistert sind, wenn ihre Dominanz infrage gestellt wird.
   - In Kirche und Milieuforschung treffen sehr unterschiedliche mentale Ausrichtungen aufeinander. In kirchlichen Institutionen stoßen wir auf eine Machtlogik, die auf Selbsterhalt abzielt, in der Milieuperspektive auf Marktlogik, die auf Ausbreitung abzielt. Beides ist nicht unproblematisch, beides hat sein begrenztes Recht. Beides zusammenzuführen, darin besteht die Herausforderung.
2. *Es gibt Widerstände unterschiedlicher Art. Hilfreich ist ein Widerstandsmanagement*, das Argumente gegen die Nutzung der Milieuperspektive wahr- und ernst nimmt und das die Menschen, die Fragen haben, mitnimmt, und das sich auszeichnet durch Wert-

schätzung des Vorfindlichen: Veränderung gelingt nur im Klima von Lob, Anerkennung und Wertschätzung. Es ist nicht alles schlecht, was ist. Die Parochie mit ihrer verbreiteten Monokultur hat doch nicht nur Schwächen, sondern ist ein überaus bewährtes Erfolgsmodell. Das Bestehende hat seine Logik und seine Stärken, es gibt Ursachen und Gründe, die es hervorgebracht haben. Anerkennung leistet die Möglichkeit der Verknüpfung von Herkömmlichem, Gewachsenem und Neuem, Ergänzendem.

- Gewinnend sind erfolgreiche Beispiele, die wir kommunizieren. Was gelingt woanders? Was ermutigt?
- Es kann voranbringen, begrenzte Experimente zu ermöglichen und zu realisieren, den Eindruck eines totalen-totalitären Anspruchs zu vermeiden und Institutionen wie Menschen nicht zu überfordern; es ist nötig, die Ängste zu nehmen, indem deutlich wird: Auch unter einem alternativen Format geht die Sache Jesu nicht verloren, sie geht buchstäblich weiter. Kirchenrechtlich ist eine grundsätzliche Verankerung oft ein sehr zeit- und kraftraubender Prozess. Hilfreich kann es sein, Freiräume dadurch zu gewinnen, dass man für begrenzte Zeit und mit begrenzten Mitteln ein Projekt durchführt, dieses auswertet und – falls es gelingt – für das Anliegen sprechen lässt.
- Hilfreich sind Institutionen und Personen mit hoher Kompetenzzuschreibung. Wir brauchen die Unterstützung nicht nur durch Kirchenleitung und Oberkirchenrat, sondern durch Leitfiguren und Netzwerke aller Art.
- Wichtig ist es, mit den Motivierten anzufangen und auf innovationsbereite Minderheiten zu setzen. Wer auch noch abwarten will, bis er die Letzten gewonnen hat, dem laufen womöglich die Ersten schon wieder weg. Es ist gar nicht entscheidend, in der Region alle für die Milieuperspektive, den Ankauf der microm-Daten etc. zu gewinnen. Es kann einen Modelldistrikt geben, der vormacht, welche Leistungsfähigkeit im Zugang zur Milieuperspektive liegt, und der auch anderen Lust macht auf mehr. Unbedingt alle ge-

winnen zu wollen, kann auch schnell ein totalitäres „Geschmäckle“ bekommen.

- Notwendig ist es, mit Menschen und Gemeinden Wege zu gehen, auch über längere Zeit und längere Strecken.
- Die Erfahrung zeigt: Gemeinden brauchen Aufgaben und konkrete Herausforderungen; nötig sind Erfahrungsräume, in denen sie die Relevanz der Milieudifferenzierung entdecken können.

3. *Unabdingbar ist die Einbettung der Milieu-Perspektive in einen geistlichen Horizont.* Wird der vergessen, wird das Instrument wirkungslos.
   - Sinus® macht uns aufmerksam auf die „Demut der Märkte“. Hier ist die Hör- und Lernbereitschaft von Christen und Kirchen gefragt. Können und wissen wir schon alles? Dürfen wir von Sozialwissenschaft lernen? Wichtig ist die theologische Selbstvergewisserung über den Zusammenhang von Milieu und Mission: Wollen wir etwas für die „treuen Kirchenfernen“ tun, wollen wir Menschen mit dem Evangelium erreichen?
   - Entscheidend ist der Zusammenhang von Milieu und (Nächsten-) Liebe: Es reicht nicht zu sehen und abstrakt zu wissen, wie die anderen sind, welche Milieus es gibt und wie deren Profil aussieht. Entscheidend ist die Bereitschaft zur Hinwendung, auch zur Kenose[48] („Und hätte der Liebe nicht …“). Noch einmal ist auch hier zu warnen vor einem vorschnellen Willen zur Umsetzung. Die Umsetzung der Milieuperspektive macht zuallererst etwas mit uns; sie fordert zuerst uns heraus.
   - Milieusensibilisierung bedeutet Wertschätzung dessen, was anders ist. In kleinerer Münze heißt es, Respekt vor dem Fremden einüben. Es darf nicht bei der Wahrnehmung der sozialen und mentalen Unterschiedlichkeit bleiben. Entscheidend ist die konkrete, gelebte Zuwendung. Geistlich geht es um das Lernen von wachsender Milieutoleranz. (Vgl. S. 18f.)

---

[48] Kenose von griech. *kenosis*, Entleerung, Entäußerung. Kenosis ist ein zentrales Stichwort in Phil 2,5ff. Vgl. dazu Kap. I, S. 13f.

2.4 Was bedeutet Milieuperspektive für unser Konzept von Kirche?

Es gibt eine Spannung zwischen sozialwissenschaftlicher und theologischer Beschreibung von Kirche, die wir nicht auflösen dürfen. Kirche ist theologisch „unsichtbar", ihre Einheit vorgegeben, ihre Gemeinschaft – sozialphilosophisch gesprochen – eine Utopie, die wir geistlich als Verheißung begreifen. Kirche teilt dagegen aus sozialwissenschaftlicher Perspektive in ihrer sozialen Welt die Fragmentierung, Segmentierung, Zersplitterung der Gesellschaft, zu der sie gehört. Wir können uns von der Sozialwissenschaft nicht sagen lassen, was Kirche sein soll und sein kann. Aber wir sollten das, was Kirche ist, nicht unabhängig von ihren Einsichten bestimmen. Als konkrete Konsequenzen für Ekklesiologie ergeben sich daraus:

- Wir wollen keine dominanten Milieus (im psychologischen und philosophischen, nicht im mikrogeografischen Sinne), die immer inkludierenden und immer exkludierenden Charakter haben.
- Wir realisieren ideologiekritisch: Keine Kultur (weder eine traditionsorientierte noch eine postmaterielle) ist als solche mit dem Evangelium, kein Milieu ist als solches mit der Kirche identisch!
- Wir lassen unterschiedliche Formate von Kirche zu und realisieren die evangelische Freiheit, die sich daraus ergibt, dass Kirche allein theologisch definiert ist: als *creatura verbi* (Ort, wo das Wort Gottes kommuniziert wird).
- Wir ergänzen die parochiale Struktur durch andere Formate von „Kirche", die der Lebensweltlogik der Menschen entsprechen, die wir erreichen wollen.

Wenn das Evangelium mit keiner Mentalität, mit keinem Milieu an sich identisch ist, könnte es dann nicht sein, dass es da, wo es wirksam wird, wo es gehört und geglaubt wird, eine ganz eigene Mentalität, eine soziale Größe neuer Art freisetzt? War es nur eine Utopie, wenn Paulus die kulturellen Fliehkräfte – wir würden heute von Milieus, Mentalitäten und Gender sprechen – umfangen sah von der alle verbindenden Loyalität zu dem einen Herrn? „Hier ist nicht Jude noch Grieche, hier ist nicht Sklave noch Freier, hier ist nicht Mann noch Frau; denn ihr seid allesamt einer in Christus Jesus“ (Gal 3,28). Wir setzen auf eine verbindende Größe, wir leben eine Mentalität eigener Art, die Milieu übergreifend ist und ein Milieu eigener Art darstellt: Wir gewinnen im Miteinander der Verschiedenen eine Kirche, die Lust macht auf andere, die anders sind; in der Milieutoleranz eingeübt (gelernt) und gelebt wird; in der wir nicht nachlassen, Milieugrenzen zu überschreiten, Ekelschranken in ihrer Bedeutung zu relativieren; eine Kirche, in der Menschen entdecken, wo Gott bei anderen ganz anders am Werk ist. Wir sehen die Konflikte, aber wir setzen – gerade als Kirche – darauf, dass der lebendige Gott uns nicht in Milieudominanz und -intoleranz verharren lässt.

Literatur

1. Zur Lebensweltforschung allgemein

ABELS, Heinz/Werner FUCHS-HEINRITZ/Wieland JÄGER/Uwe SCHIMANK (Hrsg.): Soziale Ungleichheit – Eine Einführung in die zentralen Theorien. Wiesbaden 2004.

BARZ, Heiner/Rudolf TIPPELT: Weiterbildung und soziale Milieus in Deutschland – Praxishandbuch Milieumarketing. Bielefeld ²2007.

BECKS, Hartmut: Die Milieutheorie G. Schulzes als Aufgabe und Begrenzung für eine Gemeindekulturpädagogik. In: Gotthard FERMOR/Günter RUDDAT/Harald SCHROETER-WITTKE (Hrsg.): Gemeindekulturpädagogik. Rheinbach 2001, 75–89.

BOHNSACK, Ralf: Rekonstruktive Sozialforschung. Einführung in qualitative Methoden. Opladen/Farmington Hills 2008.

BOURDIEU, Pierre: Die feinen Unterschiede. Kritik der gesellschaftlichen Urteilskraft. Frankfurt a.M. 1987 (stw, 658).

BREMER, Helmut/Andrea LANGE-VESTER (Hrsg.): Soziale Milieus und Wandel der Sozialstruktur. Die gesellschaftlichen Herausforderungen und die Strategien der sozialen Gruppen. Wiesbaden 2006.

DURKHEIM, Emile: Regeln der soziologischen Methode. Hrsg. von René KÖNIG. Darmstadt ⁶1980.

FLAIG, Bodo/Thomas MEYER/Jörg UELZHÖFFER: Alltagsästhetik und politische Kultur. Zur ästhetischen Dimension politischer Bildung und politischer Kommunikation. Bonn ³1997.

HARTMANN, Peter H.: Lebensstilforschung. Darstellung, Kritik und Weiterentwicklung. Opladen 1999.

HRADIL, Stefan: Soziale Ungleichheit, soziale Schichtung und Mobilität. In: Hermann KORTE/Bernhard SCHÄFERS (Hrsg.): Einführung in Hauptbegriffe der Soziologie. Opladen ⁸2010, 211–234.

HRADIL Stefan: Soziale Ungleichheit in Deutschland. Opladen ⁷1999.

KESSL, Fabian/Melanie PLÖSSER (Hrsg.): Differenzierung, Normalisierung, Andersheit. Soziale Arbeit als Arbeit mit den Anderen. Wiesbaden 2010.

KLÖPPEL, Moritz: Die Erlebnisgesellschaft von Gerhard Schulze und das Sinus-Milieumodell. Eine vergleichende Betrachtung. München 2005.

MÜLLER, Hans-Peter: Sozialstruktur und Lebensstile. Frankfurt a.M. 1992.

OTTE, Gunnar: Sozialstrukturanalysen mit Lebensstilen. Eine Studie zur theoretischen und methodischen Neuorientierung der Lebensstilforschung. Wiesbaden 2004.

RÖSSEL, Jörg: Plurale Sozialstrukturanalyse. Eine handlungstheoretische Rekonstruktion der Grundbegriffe der Sozialstrukturanalyse. Wiesbaden 2005.

SCHNIERER, Thomas: Von der kompetitiven Gesellschaft zur Erlebnisgesellschaft? In: Zeitschrift für Soziologie 25/1996, 71–82.

SCHÜTZ, Alfred: Der sinnhafte Aufbau der sozialen Welt. Eine Einleitung in die verstehende Soziologie. Frankfurt a.M. ^{2}1981 (stw, 92).

SCHULZE, Gerhard: Die Erlebnisgesellschaft. Kultursoziologie der Gegenwart. Frankfurt/New York ^{2}2005 (Übergang wohin? Kommentar im Jahr 2005, I-XXII).

SCHWINGEL, Markus: Pierre Bourdieu zur Einführung. Hamburg 1995.

TIPPELT, Rudolf/Jutta REICH/Aiga von HIPPEL/Heiner BARZ/Dajana BAUM: Weiterbildung und soziale Milieus in Deutschland, Bd. 3: Milieumarketing implementieren. Bielefeld 2008.

VESTER, Michael/Peter von OERTZEN/Heiko GEILING (u.a.): Soziale Milieus im gesellschaftlichen Strukturwandel. Frankfurt a.M. 2001 (stw, 1312).

2. Sinus-Studien für die katholische Kirche

Religiöse und kirchliche Orientierungen in den Sinus-Milieus. Forschungsergebnisse von SINUS® Sociovision für die Publizistische Kommission der Deutschen Bischofskonferenz und die Koordinierungsstelle Medien. Eine qualitative Studie im Auftrag der Medien-Dienstleistung GmbH. München 2005.

WIPPERMANN, Carsten/Marc CALMBACH: Wie ticken Jugendliche? Hrsg. vom Bund der deutschen katholischen Jugend & Misereor. Düsseldorf 2008.

MDG-Trendmonitor „Religiöse Kommunikation". Ergebnisse zur Situation von Kirche und Glaube sowie zur Nutzung medialer und personaler Informations- und Kommunikationsangebote der Kirche im Überblick. Ergebnisse repräsentativer Befragungen unter Katholiken. Berlin 2010.

Kirchenaustrittserwägungen unter deutschen Katholiken: Verbreitung und Ursachen. Eine explorative Re-Analyse des MDG-Trendmonitors Religiöse Kommunikation für die MDG. Berlin 2010.

Zielgruppenhandbuch für das Bistum Münster. Religiöse und kirchliche Orientierungen in den Sinus-Milieus Liberal-intellektuelle, Sozialökologische, Adaptiv-pragmatische und Hedonisten. Eine qualitative Studie für die Mediendienstleistungsgesellschaft MDG. Berlin 2011.

CALMBACH, Marc/Peter Martin THOMAS/Inga BORCHARD/Bodo FLAIG: Wie ticken Jugendliche? Lebenswelten von Jugendlichen im Alter von 14–17 Jahren in Deutschland. Sinus-Jugendstudie im Auftrag der Bischöflichen Medienstiftung der Diöse Rottenburg-Stuttgart, dem Bund der Deutschen Katholischen Jugend, der Bundeszentrale für politische Bildung, der Deutschen Kinder- und Jugendstiftung, Misereor und dem Südwestrundfunk. Düsseldorf 2012.

3. Mentalität

Dinzelbacher, Peter (Hrsg.): Europäische Mentalitätsgeschichte. Hauptthemen in Einzeldarstellungen. Stuttgart 1993.

Dinzelbacher, Peter: Mentalität und Religiosität des Mittelalters. Klagenfurt 2003.

Geertz, Clifford: Dichte Beschreibung. Beiträge zum Verstehen kultureller Systeme. Frankfurt a.M. 2003.

Moeller, Bernd: Reichsstadt und Reformation. Neue Ausg. Tübingen 2011.

Wiersing, Erhard: Geschichte des historischen Denkens. Zugleich eine Einführung in die Theorie der Geschichte. Paderborn/München/Wien/Zürich 2007, 620-631, 649-659.

4. Kritische Reflexionen der Sinus-Studien, der Mikro-Geografie und des Lebensweltansatzes

Schroer, Markus: Funktionale Differenzierung versus soziale Ungleichheit, in: Georg Kneer/Stephan Moebius (Hrsg.): Soziologische Kontroversen. Beiträge zu einer anderen Geschichte der Wissenschaft vom Sozialen. Berlin 2010 (stw, 1948), 291–313.

Rauner, Max: Die Merkels von nebenan, ZEIT-Wissen 04/2006 (http://www.zeit.de/zeit-wissen/2006/06/Geomarketing.xml, Zugriff am 20.07.2012).

Sokol, Bettina (Hrsg.): Living by numbers. Leben zwischen Statistik und Wirklichkeit. Düsseldorf 2005.

Wippermann, Carsten: Milieus in Bewegung. Werte, Sinn, Religion und Ästhetik in Deutschland. Das Gesellschaftsmodell der DELTA-Milieus als Grundlage für die soziale, politische, kirchliche und kommerzielle Arbeit. Würzburg 2011.

5. Milieustudien, Lebensweltforschung und Kirche

AHRENS, Petra-Angela/Gerhard WEGNER: „Hier ist nicht Jude noch Grieche, hier ist nicht Sklave noch Freier". Erkundungen der Affinität sozialer Milieus zu Kirche und Religion in der Evangelisch-lutherischen Landeskirche Hannovers. Hannover 2008.

AMMERMANN, Norbert/Dieter BESE: Kirche und Milieu. Chancen für die Entwicklung von Gemeindekonzepten und Lebensräumen. In: DtPfrBl 2011, 8–14.

BENTHAUS-APEL, Friederike: Lebensstile und Kirchenmitgliedschaft. Zur Differenzierung der „treuen Kirchenfernen". In: Kirchenamt der EKD (Hrsg.): Kirche – Horizont und Lebensrahmen. Weltsichten, Lebensstile, Kirchenbindung. Vierte EKD-Erhebung über Kirchenmitgliedschaft. Hannover 2003, 55–70.

BENTHAUS-APEL, Friederike: Lebensstilspezifische Zugänge zur Kirchenmitgliedschaft. In: Wolfgang HUBER u.a. (Hrsg.): Kirche in der Vielfalt der Lebensbezüge. Die vierte EKD-Erhebung über Kirchenmitgliedschaft. Gütersloh 2006, 205–235.

BENTHAUS-APEL, Friederike: Religion – Milieu – Gesellschaft. Eine Sekundäranalyse der Brücken-Bauen-Studie „Glauben entdecken". In: Joachim MATTHES (Hrsg.): Fremde Heimat Kirche – Erkundungsgänge. Beiträge und Kommentare zur dritten EKD-Studie über Kirchenmitgliedschaft. Gütersloh 2000, 365–397.

BRANDT, Rainer: „Ich bin viele". Jugendliche und christliche Spiritualität. In: DtPfrBl 2009, 322–324.

BUCHER, Rainer: Was geht und was nicht. Zur Optimierung kirchlicher Kommunikation durch Zielgruppenmodelle, in: sinnstiftermag 04.

BUCHER, Rainer: Die Provokation annehmen. Welche Konsequenzen sind aus der Sinusstudie zu ziehen? In: Herder Korrespondenz 60. Jg. (2006), 450–454.

EBERTZ, Michael N.: Anschlüsse gesucht. Ergebnisse einer neuen Milieu-Studie zu den Katholiken in Deutschland. In: Herder Korrespondenz 60. Jg. (2006), 173–177.

EBERTZ, Michael N.: Hinaus in alle Milieus? Zentrale Ergebnisse der Sinus-Milieu-Kirchenstudie. In: DERS./Hans-Georg HUNSTIG (Hrsg.): Hinaus ins Weite. Gehversuche einer milieusensiblen Kirche. Würzburg ^{2}2008, 17–35.

EBERTZ, Michael N./Hans-Georg HUNSTIG (Hrsg.): Hinaus ins Weite. Gehversuche einer milieusensiblen Kirche. Würzburg ^{2}2008.

EBERTZ, Michael N./Bernhard WUNDER (Hrsg.): Milieupraxis. Vom Sehen zum Handeln in der pastoralen Arbeit. Würzburg 2009.

EBERTZ, Michael N./P.-O. ULLRICH: Milieus, Lebensstile und Religion. Sozialwissenschaftliche Grundlagen und Erfahrungen im LOS-Prozess. In: Michael N. EBERTZ/O. FUCHS/D. SATTLER (Hrsg.): Lernen, wo die Menschen sind. Wege lebensraumorientierter Seelsorge. Mainz 2005, 146–185.

EBERTZ, Michael N.: Eine gewichtige Kinder- und Jugendstudie. Aus dem Blickwinkel der Wissenschaft betrachtet. BDKJ Journal 17. Jg. (2008), 10–11.

EBERTZ, Michael N.: Neue Orte braucht die Volkskirche. Lebenszusammenhänge wahrnehmen – Kirche differenziert gestalten. In: Uta POHL-PATALONG (Hrsg.): Kirchliche Strukturen im Plural. Schenefeld 2004, 101–112.

EBERTZ, Michael N.: Resonanz und Distanz: Jugendliche und ihr Verhältnis zu Politik, Bildung, Freizeit und Religion. Einige Ergebnisse der neuen Sinus-Jugendstudie. In: BDKJ Journal 18. Jg. (2009), 1-10.

EBERTZ, Michael N.: Was sind soziale Milieus? In: Lebendige Seelsorge 57. Jahrgang 4/2006, 258–264.

EBERTZ, Michael N.: Wie ticken Katholiken? Die Ergebnisse der Sinus-Studie. In: Herder Korrespondenz spezial – Katholisches Deutschland heute. Freiburg o.J., 2–6.

EILERS, Ingrid: Kurse zum Glauben für verschiedene Sinus-Milieus. In: Erwachsen glauben. Missionarische Bildungsangebote. Grundlagen – Kontexte – Praxis. Hrsg. von der Arbeitsgemeinschaft Missionarischer Dienste, Projektbüro „Erwachsen glauben". Gütersloh 2011, 81–122.

Eilers, Ingrid: Wahrnehmung und Bewältigung der Vertrauenskrise in der Volkskirche – durch die Milieubrille gesehen. In: Kompass 10/11 (2011), 9–11.

Erlenbach, Walter: Kirche und Marktforschung (Interview), Sinnstiftermag.de. Kirche und Kommunikation, Nr. 04, 1–13.

Etscheid, Markus/Franz Gulde (Hrsg.): Zugänge zur Sinus-Milieustudie U 27 Junge Menschen in der Kirche. Aachen 2009, Themenhefte Gemeinde 6/2009.

Etscheid, Markus: „Wie ticken Jugendliche?" Die Sinus-Milieustudie U 27. In: BDKJ Journal 17. Jg. (2008), 4–7.

Flaig, Bodo: Was wollen die Schäfchen? An Weihnachten werden die Gottesdienste wieder gut besucht sein. Eine neue Umfrage, die Christ und Welt vorab veröffentlicht zeigt jedoch: Rund fünfeinhalb Millionen Kirchenmitglieder tragen sich mit dem Gedanken an einen Austritt. Deutschland ist Missionsland geworden. In: Christ und Welt, S. 3, Beilage in: Die Zeit 52/2011.

Grandt, Gesa: „Wie ticken Jugendliche?" Die Sinus-Milieustudie U27. In: punktum (Landesjugendring Hamburg) 10/2009.

Gulde, Fritz: Exklusive Erfahrungen ermöglichen. Die Relevanz der Ergebnisse der Sinus-Milieustudie U 27 für kirchliche Entwicklungszusammenarbeit. In: BDKJ Journal 17. Jg. (2008), 14.

Hauschildt, Eberhardt: Milieus in der Kirche. Erste Ansätze zu einer neuen Perspektive und ein Plädoyer für eine vertiefte Studie. In: PTh 1998 (87. Jg.), 392–404.

Hempelmann, Heinzpeter: Der Spur des heruntergekommenen Gottes folgen. In: Ders. /Michael Herbst/Markus Weimer (Hrsg.): Gemeinde 2.0. Frische Formen für die Kirche von heute. Neukirchen-Vluyn 2011, 35–61.

Hempelmann, Heinzpeter: Gott im Milieu. In: Hans-Hermann Pompe/Thomas Schlegel (Hrsg.): MitMenschengewinnen. Wegmarken für Mission in der Region. Leipzig 2011, 29–34.

Hempelmann, Heinzpeter: „Sonntags ist Kirche? – Für mich nicht!" Die Relevanz der Milieufrage für den Gottesdienst. In: Maike Sachs

(Hrsg.): Gottesdienst verstehen, gestalten, feiern. Holzgerlingen 2009, 33–39.

HEMPELMANN, Heinzpeter: Wenn die „Mükke“ dreimal zusticht. Milieuübergreifendes kirchliches Handeln, basiert auf kirchendemografischen Erhebungen als Projekt des EKD-Zentrums Mission in der Region. Aus: Hans-Hermann POMPE/Thomas SCHLEGEL (Hrsg.) Mit-Menschengewinnen. Wegmarken für Mission in der Region. Leipzig 2011, 51–66 (Kirche im Aufbruch; Bd.2).

HOBELSBERGER, Hans: Wie sehe ich mit der Kirche aus? Lebenswelten junger Menschen in der Sinus-Milieustudie U 27. In: Herder Korrespondenz 62 (2008), 295–299.

HOCHSCHILD, Michael: Theologische Holzwege: die Rezeption der „Erlebnisgesellschaft“. In: Theologie und Glaube, Heft 2/2000, 317-329.

HÖRSCH, Daniel/SCHLAMM, Andreas (Hrsg.): Aufbruch in die Lebenswelten, Milieusensibles Marketing für Kurse zum Glauben, Hannover 2012.

HOLZ, Julia: Milieuverengung und Mission. Warum die Kirche viele Menschen nicht erreicht. In: Unerreichte erreichen. Bausteine für eine Gemeinde von morgen. Hrsg. vom Amt für missionarische Dienste der Evangelischen Kirche von Westfalen. Dortmund 2008, (8–14), 14.

HUBER, Wolfgang: „Du stellst unsere Füße auf weiten Raum“. Rede zur Eröffnung der Zukunftswerkstatt am 24. September 2004 in Kassel. ThBeitr 41 (2010), 68–78.

HUBER, Wolfgang/Johannes FRIEDRICH/Peter STEINACKER (Hrsg.): Kirche in der Vielfalt der Lebensbezüge. Die vierte EKD-Erhebung über Kirchenmitgliedschaft. Gütersloh 2006.

QUIRING, Christel/Christian HECKMANN (Hrsg.): Graffiti, Rap und Kirchenchor. Jugendpastorale Sinus-Milieu-Studie U 27. Düsseldorf 2009.

RUH, Ulrich: Glaube braucht Milieus. In: Herder Korrespondenz 60. Jg. (2006), 325–327.

Schacke, Rainer: Kirche im Milieu – Gottesdienste für Suchende entwickeln. Brennpunkt Gemeinde Studienbrief A85. Berlin o.J.

Schmitz, Alexandra: Milieus setzen Grenzen. Die Bedeutung der Sinus-Milieu-Studie für den Jugendverband. In: BDKJ Journal 17. Jg. (2008), 12f.

Schmückle, Werner: Milieus – Kirche – Gottesdienst. Evangelische Sammlung Württemberg, 2011, 9–13.

Schulz, Claudia/Eberhard Hauschildt/Eike Kohler: Milieus praktisch. Analyse- und Planungshilfen für Kirche und Gemeinde. Göttingen 2008.

Schulz, Claudia/Eberhard Hauschildt/Eike Kohler: Milieus praktisch II. Konkretionen für helfendes Handeln in Kirche und Diakonie. Göttingen 2010.

Schulz, Claudia: Zielgruppen-Orientierung und Milieu-Überschreitung kirchlicher Arbeit. In: Jan Hermelink/Thorsten Latzel (Hrsg.): Kirche empirisch. Ein Werkbuch zur vierten EKD-Erhebung über Kirchenmitgliedschaft und zu anderen empirischen Studien. München 2008, 295–311.

Schulz, Claudia: Zielgruppenspezifische Ortsgemeinde. Kirchentheoretische Erwägungen zu Konzepten einer mitgliederorientierten Arbeit in der Parochie. In: Wolfgang Nethöfel/ Klaus-Dieter Grunwald (Hrsg.): Kirchenreform strategisch! Projekte, Analysen, Perspektiven. Hamburg 2007, 159–167.

Sellmann, Matthias/Wolanski, Caroline (Hrsg.): Milieusensible Pastoral. Praxiserfahrungen aus kirchlichen Organisationen, Würzburg 2012.

Sellmann, Matthias: Zuhören, Austauschen, Vorschlagen. Entdeckungen pastoraltheologischer Milieuforschung, Würzburg 2012.

Sellmann, Matthias: Milieuverengung als Gottesverengung, Lebendige Seelsorge 57/2006, Heft 4, 284–289.

Sellmann, Matthias: Theologisches Gestaltsehen. Die Sinusstudie über Kirche und Religion als eine Wahrnehmungsschule für Theologie und Pastoral, Pastoralblatt 59/2007, Heft 2, 41–49.

STRACK, Helmut: Lebensstile/Milieus in der Kirche: Erwartungen, Beteiligung, Ansprechbarkeit. In: Jan HERMELINK/Thorsten LATZEL (Hrsg.): Kirche empirisch. Ein Werkbuch zur vierten EKD-Erhebung über Kirchenmitgliedschaft und zu anderen empirischen Studien. München 2008, 51–72.

TÄNZLER, Dirk: Die Zukunft mitgedacht. Die Sinus-Milieustudie U 27 birgt überraschende Ergebnisse und große Chancen. In: BDKJ Journal 17. Jg. (2008), 8–9.

THOMAS, Peter Martin: Junge Erwachsene. Eine Reise durch die „Jugendmilieus". In: BDKJ Journal 17. Jg. (2008), 24f.

VÖGELE, Wolfgang/Helmut BRENNER/Michael VESTER (Hrsg.): Soziale Milieus und Kirche. Würzburg 2002.

WEGNER, Gerhard: „Niemand kann aus seiner Haut" – Zur Milieubezogenheit kirchlichen Lebens. In: PTh 89 (2000), 53–70.

WOHLRAB-SAHR, Monika: Lebensstile und Kirchenmitgliedschaft. Zur Differenzierung der „treuen Kirchenfernen". In: Rüdiger SCHOLZ (u.a.): Kirchenhorizont und Lebensrahmen, 48–55.

WULF, Hans: Unverträgliche Freiheit. Von den Christen, die nicht in unsere Gemeinden passen. In: LM 32 (1993), H.7, 9.

ZULEHNER, Paul M.: Heilendes Ritual. Spiritualität. Wer religiös suchende Zeitgenossen erreichen will, muss das binnenkirchliche Milieu verbürgerlichter Pfarrgemeinden verlassen und auf Missionsreise gehen. In: RM 4/2009 (22. Januar), 8.

6. Kritische Stimmen zur Rezeption von Sinus-Milieus in der Kirche

BIEGER, Eckhard/Wolfgang FISCHER/Jutta MÜGGE/Elmar NASS: Pastoral im Sinus-Land. Impulse aus der Praxis/für die Praxis. Münster [2]2008, 155f.

DIAZ-BONE, Rainer: Milieumodelle und Milieuinstrumente in der Marktforschung. In: Forum Qualitative Sozialforschung Volume 5,

No 2, Art 28, Mai 2004 (= Rainer DIAZ-BONE. Milieumodelle und Milieuinstrumente in der Marktforschung. Sozialwissenschaften und Berufspraxis 26(4), 2003, 365–380).

GRUBAUER, Franz: Zweierlei Logik. Milieus und Kirchenreform: Richtige Analyse, falsche Strategie? In: Zeitzeichen 2/2012, 48–50.

HAUSCHILDT, Eberhard/Eike KOHLER/Claudia SCHULZE: Wider den Unsinn im Umgang mit der Milieuperspektive. In: Wege zum Menschen 64. Jg. (2012), 65–82.

KRETZSCHMAR, Gerald: Milieutheorien als Wege zum Menschen? Problemgeschichtliche und erkenntnistheoretische Überlegungen zu neuen Referenztheorien der Praktischen Theologie. In: Wege zum Menschen 55/2003, 229–244.

LÄTZEL, Martin: Jedem das Seine? In: Pastoralblatt für die Diözesen Aachen, Berlin, Essen, Hildesheim, Köln, Osnabrück. Juni 2007, 181–185.

NASS, Elmar: Vision Mensch – Mission Hoffnung. Glauben, der wieder gewinnt. Paderborn 2012, 51–58.

TIPPELT, Rudolf/Jutta REICH/Aiga VON HIPPEL/Heiner BARZ/Dajana BAUM: Weiterbildung und soziale Milieus in Deutschland, Bd. 3: Milieumarketing implementieren. Bielefeld 2008, 88–95.

UEBERSCHÄR, Ellen: Vom Priestertum aller Gläubigen. Ehrenamt in einer Kirche für Andere. Beitrag zum Zukunftskongress der Evangelischen Landeskirche. Karlsruhe 22.10.2011. http://www.ekiba.de/2215_16600.php, Zugriff am 20. Juli 2012.

WEGNER, Gerhard: Potentiale provozieren. Über die Selbstwirksamkeit des Glaubens und seine Verkleisterung. In: Philipp EHLHAUS/Christian HENNECKE (Hrsg.): Gottes Sehnsucht in der Stadt. Auf der Suche nach Gemeinden für Morgen. Würzburg 2011, 121–144.